# 100 SEGREDOS DAS famílias felizes

Maria Louiza Perruci
02/01/08

DAVID NIVEN, Ph.D.

# 100 SEGREDOS DAS famílias felizes

SEXTANTE

*tradução*
Márcia Almeida

*preparo de originais*
Regina da Veiga Pereira
Simone Intrator

*revisão*
Sérgio Bellinello Soares
Shahira Mahmud
Tereza da Rocha

*projeto gráfico e diagramação*
Valéria Teixeira

*capa*
Raul Fernandes

*pré-impressão*
ô de casa

*impressão e acabamento*
Yangraf Gráfica e Editora Ltda.

CIP-BRASIL. CATALOGAÇÃO-NA-FONTE
SINDICATO NACIONAL DOS EDITORES DE LIVROS, RJ

N653c Niven, David, 1971-
Os 100 segredos das famílias felizes / David Niven [tradução de Márcia Almeida]. – Rio de Janeiro: Sextante, 2007.

Tradução de: The 100 simple secrets of happy families
ISBN 978-85-7542-308-0

1. Família – Aspectos psicológicos. 2. Família – Saúde mental. I. Título.

CDD 155.646
07-2852 CDU 159.9:316.356.2


GMT Editores Ltda.
Rua Voluntários da Pátria, 45 – Gr. 1.404 – Botafogo
22270-000 – Rio de Janeiro – RJ
Tel.: (21) 2286-9944 – Fax: (21) 2286-9244
E-mail: atendimento@esextante.com.br
www.sextante.com.br

# Índice

# Nota do editor

Cada um dos 100 capítulos apresentados aqui é baseado nas conclusões de pesquisas conduzidas por cientistas que estudaram a vida familiar. Em todos eles você vai encontrar uma pequena história ilustrativa e um conselho para ajudá-lo a construir uma vida familiar feliz e harmoniosa. Os leitores que desejarem mais informações sobre os temas abordados poderão recorrer às referências apresentadas ao final de cada capítulo.

# Introdução

Steve Burkett é um sociólogo aposentado, pai e avô, que gosta de falar sobre famílias – a dele, a sua, as famílias em geral. "Pare e pense nas mensagens que você recebe todos os dias", diz ele. "Lemos que as pessoas estão trabalhando mais e ficando menos tempo com suas famílias. Ouvimos que os índices de divórcio só aumentam. Tornam-se raras as grandes famílias formadas por avós, tios e primos, e os parentes mais velhos são postos inteiramente de lado. Enquanto isso, perdeu-se o controle sobre as crianças, e elas têm atitudes espantosas, deixando os que as cercam completamente aturdidos. Essas mensagens se encontram nos jornais, nos noticiários, nos espetáculos e nos filmes a que assistimos."

Steve prossegue, defendendo sua tese: "Sem as nossas famílias, não estaríamos aqui. Literalmente. Entretanto, a mensagem que recebemos do mundo exterior é: 'Aja como um avestruz e fuja dos seus problemas.' A ênfase é colocada nos aspectos negativos do casamento, das relações entre irmãos, no que há de mais nocivo na forma como pais e filhos se tratam. Como é possível agir como um avestruz nesses casos? Acabo de ver um estudo feito por especialistas sobre pessoas de vinte e poucos anos que estão prolongando a adolescência. Na mesma pesquisa, a adolescência é vista como uma extensão da primeira infância. Ou seja, pessoas de 20 anos estão se comportando como crianças de 2 anos!"

"A estrutura familiar é tão velha quanto o tempo", diz Steve. "Mas aqui estamos nós, tendo avançado teoricamente em tantos aspectos, mas ouvindo falar da vida familiar como se fosse um tipo de esporte perigoso, semelhante a mergulhar de um despenhadeiro na água. O pior é que muita gente acredita piamente nessa visão. Muitos acham que perderam o controle sobre a própria vida familiar ou que ela é, simplesmente, insatisfatória."

Pesquisas confirmam que as preocupações de Steve têm fundamento e fazem parte do cotidiano de muitas famílias. Em entrevistas para estudos, quando perguntadas se achavam que os princípios morais estão mais sólidos ou enfraquecidos, oito entre dez pessoas responderam que eles estão enfraquecidos. Indagadas sobre o porquê, as respostas mais freqüentes foram a instabilidade do casamento e problemas familiares.

Ante essa realidade, os jovens ficam confusos. É ainda Steve quem acrescenta: "Podemos até ter mais liberdade do que em qualquer outro período da história, ser mais capazes de escolher o caminho a seguir, mas nossa vida familiar está andando para trás. E tudo isso num momento em que as famílias são mais importantes do que nunca."

Steve participou da elaboração de um workshop destinado a pais inexperientes para ajudá-los a lidar com as novas responsabilidades e com os problemas enfrentados na educação dos filhos. Sua primeira recomendação é que as pessoas encarem a realidade de frente: "Precisamos de uma grande dose de realidade. Não de uma música dizendo que a família é perfeita, porque isso não é verdade. Mas também não podemos ir para o extremo oposto, afirmando que a família é perigosa e terrível."

Ao coordenar a pesquisa para o livro *Os 100 segredos das famílias felizes*, li estudos sobre hábitos, práticas e atitudes que contribuem para uma vida familiar bem-sucedida, e procurei sempre me orientar pelos ensinamentos de Steve. Este é um livro sobre famílias reais, suas lutas e alegrias, e o que pode ser feito para construir uma vida familiar mais satisfatória. Ele será capaz de ajudar em todos os tipos de situações por que passam pessoas que vivem sob um mesmo teto, desde criar os filhos até se dar bem com os sogros. Cada capítulo de *Os 100 segredos das famílias felizes* traz conclusões de psicólogos e cientistas que estudaram diversos aspectos do dia-a-dia da vida familiar. A partir daí, especialistas elaboraram conselhos básicos para as famílias, todos eles ilustrados com um exemplo real. *Os 100 segredos das famílias felizes* vai ajudá-lo a observar com mais atenção e entender melhor os hábitos e atitudes cotidianas. Tenho certeza de que ele pode ser uma força positiva para cada pessoa e para a família como um todo. Como diz Steve, "constituir uma família é a maior realização que a maioria das pessoas terá na sua vida".

# 1

## Seja um bom amigo

Quando olhadas de longe, as tramas familiares podem parecer infinitamente complexas. Mas, quando chegamos mais perto, verificamos que elas não passam de uma série de relacionamentos iguais a todos os que estabelecemos ao longo da vida. Trate então as pessoas da sua família como você trata seus amigos – como se tivesse escolhido conviver com elas e se alegrasse por também ter sido escolhido. Esse é o passo fundamental para fazer de sua vida familiar uma experiência gratificante.

☺ ☺ ☺

Quando pensa em sua adolescência, Claire se lembra da sensação desconfortável de não pertencer ao grupo de colegas. "Eu não queria me meter em encrencas, mas as pessoas não respeitavam minha escolha. Eu me negava a fazer coisas só para atender às expectativas dos outros, e por causa disso eu era posta de lado, o que me causava bastante sofrimento."

No entanto, a mãe de Claire sempre a apoiou e confortou. "Eu achava que não ia sobreviver à rejeição, mas minha mãe fez da nossa casa um verdadeiro santuário onde eu sempre podia falar dos meus problemas. Ela me ouvia com o maior interesse. A confiança que ela depositou em mim me deu muita segurança para acreditar nas minhas escolhas."

Mas o principal foi o laço de amizade que a mãe estabeleceu com a filha. "Ela foi uma amiga fundamental! Estava sempre disponível, e eu sabia que podia contar incondicionalmente com ela. Minha mãe deixou que eu fosse eu mesma, sempre me estimulando a seguir o meu desejo e tomar minhas decisões."

Isso fez de Claire uma pessoa segura, afetuosa e capaz de fazer amigos. Hoje, não se cansa de dar crédito à mãe. "Ela fez do mundo um lugar melhor para muita gente. Espero poder fazer o mesmo."

☺ ☺ ☺

Pesquisas com pessoas capazes de manter laços estreitos e profundos em sua vida familiar e em suas relações de amizade revelaram que o segredo é o forte desejo de estar na companhia dos outros e de valorizá-los. Os estudos também demonstraram que qualquer pessoa pode estabelecer vínculos familiares e de amizade gratificantes. Basta querer e se empenhar para isso.

PIKE E ATZABA-PORIA 2003

---

# 2

## A família faz de você uma nova pessoa

Temos um nome, uma auto-imagem, a nossa própria identidade. O que acontece com tudo isso quando nos casamos ou temos filhos? É claro que você não deixará de ser quem é nem precisará abrir mão da sua personalidade. Mas você não é mais uma pessoa isolada – sua família passa a fazer parte da sua pessoa, o que traz mudanças em sua identidade. Então, se você deseja ser feliz na vida familiar, é preciso entender e aceitar essa nova realidade.

☺ ☺ ☺

O ator Richard Gere ouviu muitos relatos sobre a revolução causada na vida das pessoas com a chegada de um filho. Mesmo assim, surpreendeu-se com a sensação que experimentou ao tornar-se pai.

"Todos nós ouvimos clichês sobre o que vamos sentir e viver ao ter filhos", diz ele. "O inesperado é que realmente cada um desses chavões é verdadeiro. No entanto, são mais intensos, profundos, amplos e maravilhosos do que qualquer lugar-comum é capaz de exprimir. Trata-se de uma sensação indescritível e deliciosa. E o melhor é que essa sensação acaba se refletindo em todos os outros aspectos da nossa vida."

A paternidade afetou a vida do ator nos menores detalhes. "Quando estou com meu filho, digo um 'sim' constante para todas as necessidades dele: 'Sim', 'sim', 'sim'."

Além de ter assistido ao filme preferido do garoto mais de cem vezes, Richard Gere constata a mudança na forma como se via e a transformação na sua relação com o trabalho.

"Tudo se torna mais intenso quando se tem um filho e se pode manifestar um amor infinito e sentir o desejo intenso de proteger alguém. Este tipo de emoção extraordinariamente humana nos torna pessoas mais sensíveis, mais próximas de todos os outros seres humanos. Eu me considero um ser humano melhor, mais pleno e solidário."

☺ ☺ ☺

Homens e mulheres que consideram os filhos como parte da sua identidade tornam-se muito mais atentos às necessidades das crianças e desenvolvem um grande afeto por elas. Correm muito menos risco de ser pais rudes ou indiferentes.

Fox e Bruce 2001

# 3

## Fortaleça-se com a definição de seus objetivos

A ambivalência pode nos enfraquecer. Muitas pessoas não conseguem andar para a frente porque, simplesmente, não sabem que direção tomar. Uma das grandes forças de uma vida familiar comprometida é que nela não há espaço para ambigüidades. Os objetivos e o rumo a seguir são determinados pela família. Mesmo que isso, às vezes, possa parecer uma limitação ou um peso, é importante reconhecer esse fato como uma força de motivação e um verdadeiro plano de futuro.

☺ ☺ ☺

Trabalhos urgentes trazidos do escritório, providências a serem tomadas para o dia seguinte, uma vontade louca de dar uma espiadinha no computador para checar os e-mails, o jornal do dia ainda intacto em cima da mesa e... um jogaço de futebol começando naquele exato momento na TV. Cenário completo na casa de Tom? Claro que não: é nesse exato momento que Tatiana, sua filha de 5 anos, chega com seu livro preferido (lido e relido cerca de 20 vezes só nas últimas semanas) e pede ao pai que conte a história. Tom suspira e pensa em meios de escapar da solicitação. Chega a ligar a TV, procurando dar uma olhadinha rápida no jogo, enquanto conta a história que já sabe de cor.

Mas Tatiana não se conforma. Percebendo que a atenção do pai está mais concentrada no jogo, pega o queixo do pai e vira-o em direção ao livro: "Olha para o livro, pai, e conta a história para mim." Por mais que o jogo seja atraente, Tom se dá conta de que aquele momento ao lado da filha é sagrado. "Afinal, tenho tão pouco tempo com ela, e tanta consciência de que logo Tatiana estará crescida, e eu terei perdido a alegria inocente do seu sorriso, o aconchego do seu corpo no meu colo, o contato de sua mãozinha sobre a minha... Um dia ela irá embora e eu lamentarei não ter aproveitado esse tempo precioso."

☺ ☺ ☺

Ter um objetivo claro na vida traz uma grande satisfação para mais de 55% de todos os pais e responsáveis por crianças.

WALDROP E WEBER 2001

---

# 4

## Existem segundas chances

A vida familiar é aquilo que fazemos dela, independentemente da forma que tenha. Seja qual for o tipo de família, você pode contribuir para transformá-la em fonte de felicidade para todos. Não há regras para formar uma família – a não ser as que você estabelece – nem há um prazo ou um modelo para quando e como conseguir uma adorável vida familiar.

☺ ☺ ☺

Marta já tinha Henry, com 3 anos, quando se casou com Bruno, pai de Luciana, de 8 anos. Ao decidirem morar todos juntos, o casal ouviu os mais variados conselhos e críticas. "Ou descreviam a nossa decisão como um conto de fadas ou previam o pior dos mundos, todos se odiando, um desastre completo", contou Marta. Para ela, a maior descoberta foi aprender que cada família é uma experiência única. "É claro que não foi fácil formar a família com filhos de casamentos anteriores. Houve dificuldades, crises, sofrimento até. Mas enfrentar o desafio foi um magnífico aprendizado que nos fez crescer e estreitou os laços de afeto entre todos."

Marta e a família fizeram os ajustes necessários à medida que os problemas foram aparecendo. "Decidimos que iríamos encarar aquilo tudo como uma jornada, uma aventura. Nos autodenominamos 'time da casa'. Não queríamos impor a palavra família às crianças desde muito cedo." E acrescenta: "Acho muito válido procurar ajuda de associações ou de profissionais especializados, se for preciso." A mensagem que ela transmite é esta: aceite o desafio.

☺ ☺ ☺

Pesquisas sobre famílias com filhos de casamentos anteriores revelaram que a maioria passa, com freqüência, por um difícil período de transição. Mas a satisfação com a vida familiar pode ocorrer tanto numa família refeita quanto em uma tradicional.

VISHER, VISHER E PASLEY 2003

# 5

## Procure uma comunidade adequada à sua família

Grande parte da sua vida familiar vai acontecer perto da sua casa. Seus vizinhos, os amigos da pracinha, o jornaleiro, o dono da loja de sucos, os colegas da academia terão grande influência nas experiências de todos os membros da família. A comunidade em que você vive pode reforçar os valores que você deseja incorporar ao cotidiano da família ou pode atentar contra eles. O lugar onde você mora deve, realmente, servir às suas necessidades.

☺ ☺ ☺

A cidade de East Farmington, no estado de Minnesota, nos Estados Unidos, foi planejada para formar uma comunidade. Especialistas da Universidade de Minnesota ajudaram os arquitetos a conceber uma cidade capaz de agrupar pessoas. As casas ocupavam pequenos terrenos em ruas estreitas, levando os moradores a manterem uma proximidade adequada com seus vizinhos. Vários outros detalhes foram planejados para garantir essa integração, desde varandas na frente das casas e calçadas largas em ruas arborizadas até grandes áreas coletivas de lazer.

Antes de se mudar para lá, Melissa morava num lugar de que ela fala: "Eu me sentia confinada em casa. Não havia calçadas ou passagens para pedestres que oferecessem segurança, e nenhum parque por perto. As crianças acabavam passando o dia na frente da televisão. Eu não conhecia ninguém no quarteirão, e raramente trocava mais do que um aceno de cabeça com meus vizinhos."

Procurando resgatar um sentimento da sua infância, ela e a família se mudaram para East Farmington. "Foi uma diferença fantástica! As crianças corriam para a casa dos amigos, todos se conheciam. Era uma comunidade real, ninguém vivia isolado. Fiz amizade com os vizinhos, formamos grupos para realizar trabalhos sociais. É claro que nada é perfeito, mas os inevitáveis problemas de relacionamento que surgiram comprometeram pouquíssimo a extraordinária experiência que vivemos."

☺ ☺ ☺

As pessoas que vivem felizes com seus vizinhos têm chance 25% maior de estar muito satisfeitas com sua vida familiar.

TOTH, BROWN E XU 2002

---

# 6

## Acredite que você é capaz de ajudar a sua família

Ao dedicar o máximo de energia à família, alguns crêem que alcançarão os melhores resultados, enquanto outros temem que o esforço possa ser inútil. Dedique-se à sua família acreditando que vai conseguir o que deseja: a realização e a felicidade de cada integrante. Lembre-se: a família não é um teste em que você precisa atingir as maiores notas. Empenhe-se todos os dias com afeto e respeito e você conseguirá bons resultados.

☺ ☺ ☺

Durante 20 anos Marcos questionou-se, sem saber se era ou não um bom pai. Sempre achava que estava agindo errado ou que não fazia o suficiente. A experiência vivida com os próprios pais não o ajudava. "Meus pais nunca se sentaram comigo para me ouvir ou dar conselhos. Quando meu filho nasceu, eu me achei totalmente despreparado para cuidar dele."

Marcos leu alguns livros, observou a relação de casais amigos com os filhos, pensou no que gostaria que os pais tivessem feito com ele e tirou suas próprias conclusões: "Um bom pai nunca ameaça ou intimida os filhos. Não desconta neles suas frustrações. Com o tempo, aprendi que não há mistério na paternidade, pelo contrário, é algo bastante simples. Ser um bom pai é procurar estar o tempo todo presente, disponível, amoroso, compreensivo. É escutar e dar apoio. É respeitar e sempre dizer a verdade, inclusive pedindo desculpas quando errar. É procurar conhecer cada filho e tratá-lo de acordo com suas características. Você não precisa treinar tudo isso como se fosse para uma maratona. Esse é um exercício diário em que você procura fazer o melhor possível."

Com a morte do próprio pai, Marcos conseguiu resgatar e valorizar lições de paternidade de que nunca se dera conta. "Pude perceber que, com seu jeito gentil e despretensioso, meu pai me ensinou algo muito importante na relação com os filhos."

☺ ☺ ☺

Pessoas que confiam em si mesmas têm probabilidade 62% maior de acreditar que sua família vai funcionar bem no futuro, apesar das dificuldades encontradas.

VASQUEZ, DURIK E HYDE 2002

# 7

## Não dizer nada já é dizer algo

O que você quer realmente dizer quando fica calado? Talvez você não tenha nada a transmitir, mas, para muita gente – especialmente as crianças –, o silêncio e a ausência de comunicação são fontes de preocupação e até mesmo de intimidação. Quando não nos manifestamos, deixamos margem para que a imaginação crie os cenários mais tenebrosos. Sua família precisa ouvir a sua opinião, saber o que você está sentindo, mesmo que o que você tenha a dizer seja algo que todos já sabem.

☺ ☺ ☺

Diana havia notado algumas mudanças na personalidade da filha Karen, que acabara de completar 12 anos. "Ela tem me questionado muito. E, o que é pior, algumas vezes chega da escola e se tranca no quarto. Sei que algo a aborreceu, mas ela não vem me contar. É difícil entender e me adaptar, porque me acostumei a tê-la sempre por perto. Eu me sinto rejeitada."

Como reação ao comportamento da filha, Diana achou melhor se calar: "Não estou querendo me impor, e sim tentando lhe dar mais espaço."

Sem dúvida é importante que cada um tenha seu próprio espaço para crescer, mas isso é bem diferente do silêncio entre duas pessoas, que leva à falta de intimidade. Instala-se aí um padrão perigoso para a relação entre pais e filhos, segundo a professora de medicina da Universidade de Missouri, Clea McNeely: "Os pais não se sentem bem-vindos em várias situações, por isso se retraem. Vão se tornando tímidos no trato com os filhos e acabam se afastando deles."

A professora prossegue: "Os pais não podem se comportar como se fossem meros conhecidos que só se relacionam com os filhos quando as coisas estão bem e se afastam quando querem. Não podem passar para seus filhos a idéia de que só gostam deles nos bons momentos, mesmo que seja difícil para um pai aproximar-se de um filho que parece rejeitá-lo. Mostrar, com palavras e gestos, que se preocupam com eles e desejam ajudá-los – porque os amam – é fundamental para a felicidade e o amadurecimento deles. Agindo assim, os pais estarão ensinando a seus filhos que a solução não é fugir de um problema, mas enfrentá-lo."

☺ ☺ ☺

Quanto menor a comunicação entre adultos e crianças, mais pessimistas os pequenos se tornam e menos seguros se sentem em suas relações familiares. É importante lembrar que os danos provocados pela falta de comunicação têm o dobro de peso quando se trata da relação do padrasto ou da madrasta com a criança.

Al-Abbad 2001

# 8

## Somos nós que construímos o sucesso da nossa família

Talvez você tenha tido uma infância muito difícil, com pais excessivamente rígidos e exigentes. Talvez seus pais brigassem o tempo todo na sua frente, fossem agressivos um com o outro ou bastante ausentes. Mas tudo isso é passado, e agora é você quem está formando sua própria família e decidindo como irá se relacionar com seu cônjuge e seus filhos. Pense nisso: por mais infeliz que tenha sido sua infância, você é capaz de criar um relacionamento completamente diferente na família que está formando e viver uma experiência feliz.

☺ ☺ ☺

Depois de criarem os quatro filhos e verem cada qual com a vida bem encaminhada, Deborah e Paul sentiram um enorme vazio: o que fazer agora de seus dias? Buscando alternativas, encontraram um programa para pais voluntários num internato familiar. A função era ajudar a tomar conta de grupos de irmãos privados de família. Os pais voluntários deveriam proporcionar uma estrutura familiar para crianças que experimentam um sentimento de abandono profundo. Deborah e Paul passaram a freqüentar diariamente o internato, onde adotaram uma família. Constataram, com muita alegria, as transformações por que as crianças foram passando à medida que recebiam afeto e tinham suas necessidades diárias atendidas.

Deborah aprendeu com essa experiência que o mais importante são as pequenas coisas feitas todos os dias. O internato transformou-se em um lar caloroso, onde cada criança da família que adotaram se sentia amada: "Quando as crianças sentem o cheiro dos biscoitos que assamos no forno, elas riem e ficam felizes por estarem ali. E os abraços? Ao chegarmos e ao sairmos, exigimos um abraço apertado de cada uma."

O casal ajuda nos deveres de casa, distribui tarefas e comparece aos jogos de futebol e basquete. Para Deborah, essa vivência foi extraordinária: "Nunca imaginei que estaria preparada para tomar conta de crianças que não são minhas, mas aprendo algo novo todos os dias. E me dou conta de que é praticamente impossível estar preparado para ser pai ou mãe de qualquer criança. Você aprende na vivência do dia-a-dia, desde que haja afeto, respeito e um desejo autêntico de acertar."

☺ ☺ ☺

Tanto os filhos adultos de pais divorciados quanto os filhos adultos de pais que permanecem casados podem alcançar um alto nível de satisfação com a família que criaram.

COYNE 2001

# 9

## A dedicação é mais importante do que a ocupação

"Será que posso me dar ao luxo de trabalhar fora?", perguntam-se as mães com freqüência. "Minha família funcionaria sem a minha presença?" Seja qual for a sua escolha, tranqüilize-se: muitas pesquisas sobre a qualidade de vida das crianças revelam que a felicidade delas não depende dessa decisão. Muito mais importante do que trabalhar fora ou não é comprometer-se a amar sua família e dedicar-se a ela.

☺ ☺ ☺

Luísa, uma jornalista bem-sucedida, entrou em crise um pouco antes de sua licença-maternidade chegar ao fim: voltaria a trabalhar e deixaria o bebê tão pequenino e mamando exclusivamente no peito aos cuidados de outra pessoa? Os horários de seu trabalho – plantões nos fins de semana, saída sempre depois das 10 da noite, escalas imprevisíveis – iriam prejudicar uma convivência maior com o neném? Ela chegou a examinar com o marido a possibilidade de ele assumir sozinho o sustento da família, mas os dois constataram que o salário dela era indispensável. No primeiro dia de trabalho, Luísa chorou o tempo todo. Aos poucos tranqüilizou-se, verificando que o bebê ficava bem na creche. Para conciliar a carreira e a maternidade, combinou com a sua chefe de fazer um horário alternativo para chegar em casa a tempo de amamentar a criança, sem deixar de cumprir suas tarefas. Foi preciso um esforço extra, mas aos poucos Luísa foi equilibrando sua rotina, encontrando espaço na agenda para cuidar do filho, dela mesma, dedicar-se ao marido e ainda investir na profissão.

Hannah fez uma opção diferente. Combinou com o marido que faria freelance em casa e ele assumiria a maior parte das despesas. "Economizamos deixando de pagar uma babá ou de colocar John na creche. Além disso, eu queria que ele mamasse exclusivamente no peito até os seis meses. Foi uma rotina prazerosa." Quando o filho fez 2 anos e foi para a escola, Hannah voltou ao trabalho. "Ele estava maior, achei que já poderia abrir mão desse convívio tão próximo."

Já Matilde, uma empresária superdedicada aos seus negócios, decidiu voltar ao trabalho quando sua filha Sarah fez um mês: "Não gostei muito de amamentar, e minha empresa ficaria prejudicada sem a minha presença. Percebi que desse modo poderia ser uma ótima mãe, muito mais paciente, amorosa e dedicada, nos momentos em que estivesse com Sarah. Não nasci para ser mãe 24 horas por dia. Perderia a paciência com o bebê pelas mínimas coisas. E vejo que o esquema que adotei funciona: minha filha é uma criança calma, sorridente e de bem com a vida."

Nos três exemplos, o importante foi que cada mulher, ao compreender seu desejo e suas possibilidades, eliminou o conflito entre trabalho e vida familiar. Da mesma forma que aceitar uma nova oportunidade de trabalho não faz de você uma mãe ruim, recusar uma promoção também não a torna uma boa mãe. O que vale para uma não vale para outra. Cada mulher deve seguir seu desejo.

☺ ☺ ☺

Um estudo mais longo com crianças concluiu que o nível de satisfação delas em relação à vida e os riscos de desenvolverem comportamentos nocivos não têm ligação com o status profissional dos pais.

RHATIGAN 2002

# 10

## Não se preocupe por estar certo quando todos estão errados

Toda responsabilidade, de certa forma, representa um fardo. Enquanto algumas pessoas pensam apenas nas próprias necessidades, os pais devem levar sempre em conta o bem-estar de toda a família. Muitas vezes é preciso tomar decisões que contrariam o interesse de alguns. Mas a importância a longo prazo de tomar a decisão correta é muito maior do que a satisfação a curto prazo de optar pela escolha mais prazerosa.

☺ ☺ ☺

Depois de ter brilhado como jogador de futebol de um grande time de sua cidade, Charles se dividiu durante 35 anos entre uma sala de aula e o gramado do clube, passando lições como técnico na teoria e na prática.

Pai de quatro filhos e mentor de milhares de jovens que foram seus alunos, Charles ocupou o posto de pai e técnico com uma seriedade rigorosa e nem sempre muito popular.

Como técnico, levou os times muitas vezes ao pódio, ganhou vários campeonatos e ficou tão famoso que as outras equipes evitavam enfrentar as que ele treinava, conhecidas pela extrema disciplina e dedicação quase sem limites. Mas Charles não se satisfazia ensinando apenas técnicas esportivas. Também investia para que seus jogadores tivessem boa conduta e participação na comunidade onde moravam. O técnico "paizão" chegava a fiscalizar os encontros dos jovens, para ter certeza de que eles não estavam metidos em encrencas. Estabeleceu um toque de recolher, às 10 horas da noite, e exigia o cumprimento da norma. Seu estilo severo era muito bem-visto pelos pais, mas alguns estudantes se ressentiam das suas imposições.

Numa festa em comemoração aos 34 anos de carreira do técnico, seus ex-alunos, com idades que variavam entre 20 e 50 anos, fizeram uma homenagem ao professor e lhe agradeceram. Com a maturidade, todos reconheceram o maior legado deixado por Charles: as lições de integridade e disciplina necessárias e mantidas em todas as atividades de suas vidas.

☺ ☺ ☺

Quando os filhos passam da vida escolar para a vida adulta, seus sentimentos em relação à família sofrem uma mudança. Cerca de 60% se sentem mais próximos dos pais com o passar dos anos.

DORFMAN 2001

---

# 11

## Mantenha seus objetivos de vida

Talvez você tenha abandonado seus sonhos profissionais por causa da família que constituiu, adiado seus planos ou simplesmente desistido deles, atribuindo sua decisão às responsabilidades familiares. De vez em quando você pensa nisso e fica triste por causa das perdas. Quando depois de algum tempo volta a examinar seus planos e objetivos, constata que eles estão defasados, que já não cabem mais. Nessas horas, você repete: "Ah, a família... se não fossem tantas as obrigações..." Preste atenção: ao fazer isso, você coloca as pessoas mais importantes da sua vida como obstáculos para a realização de seus sonhos. Em vez de ser uma fonte de alegria, elas se tornam a causa da sua frustração, e mais tarde você irá cobrar isso delas. Por isso é fundamental manter seus objetivos e suas metas, e deixar que eles o orientem em cada passo do caminho. Não há qualquer razão para desistir deles, desde que se mantenham sempre bem nítidas suas reais prioridades. É uma questão de procurar o equilíbrio.

☺ ☺ ☺

Maria trabalhava como professora, profissão com que sonhara desde criança. Seu dia de trabalho começava às oito da manhã e ela só saía da escola depois das quatro da tarde. Chegava em casa e ainda corrigia provas, elaborava testes e preparava aulas. Um trabalho exaustivo, mas que ela adorava. Todas as vezes que conseguia sensibilizar uma criança sentia uma vibração especial.

Depois de cinco anos na escola, ela e o marido realizaram outro grande sonho: tiveram um filho. Dois anos e meio mais tarde veio o segundo. Maria voltou a trabalhar, esperando conseguir conciliar a profissão e o cuidado dos filhos. Mas rapidamente percebeu que isso era impossível.

Foi uma enorme frustração constatar que os dois grandes sonhos de sua vida eram incompatíveis. "Eu não sabia o que fazer. Sentia-me angustiada por perceber que teria que abrir mão de algo que havia planejado com tanto entusiasmo."

Maria não tinha dúvida de que a vida familiar vinha em primeiro plano, mas não queria abandonar a carreira de professora.

Ela não se conformou. Ao conversar com os diretores da escola, eles sugeriram que ela desse aulas particulares para alunos com dificuldade de aprendizagem. Tratava-se de um desafio, pois eram estudantes difíceis de lidar. Mas seria uma oportunidade de exercer a maternidade e a profissão que ela escolhera desde cedo.

Maria aceitou o emprego. "Não era o ideal, mas foi perfeito para aquele momento. Sempre que me dava conta disso eu ficava feliz."

☺ ☺ ☺

Estudos sobre mulheres que tentam conciliar trabalho e família mostram que, entre as que se dedicam com mais alegria às suas famílias, 82% conseguiram ajustar suas metas profissionais às mudanças na vida.

HITE E MCDONALD 2003

---

# 12

## Conte a história da sua família

Você já reparou que nas transmissões de grandes eventos esportivos nunca se mostram apenas as competições? Sempre aparecem as histórias dos atletas, entrevistas com eles e informações sobre a rotina de treinamento necessária para que eles alcancem seus objetivos. Por quê? O motivo é simples: as narrativas aproximam o ídolo do cidadão comum e criam um elo. O mesmo acontece com as famílias. É importante que cada geração se sinta ligada às anteriores, mas o vínculo só é criado quando há uma aproximação afetiva. As histórias das famílias cumprem esse papel.

☺ ☺ ☺

"Meu bisavô foi escravo até os 9 anos, quando foi abolida a escravidão, e depois viveu por mais 97 anos. Eu adorava ouvir suas histórias, e elas encantaram a minha infância", conta Harold.

Hoje, aposentado, Harold repete para os netos as histórias de seu bisavô. "Sinto como é importante para essas crianças que passam a maior parte do tempo na frente da televisão ou do computador conhecerem seus antepassados e, através das histórias, tomarem contato com outros tempos e costumes. Sobretudo terem consciência de suas raízes. Percebo, com muita alegria, como meus netos ouvem com interesse as histórias que conto, e referem-se com familiaridade às gerações anteriores."

Quando os netos parecem entediados, o narrador lança mão de técnicas infalíveis para tornar o caso mais emocionante, acrescentando peripécias incríveis que deixam os netos vidrados. "Quero que eles desenvolvam o gosto pelo passado para que um dia também contem esses fatos para seus filhos. Você deve saber quem é, de onde veio, e ter sempre orgulho de sua história."

☺ ☺ ☺

Pais que têm o hábito de compartilhar a história familiar com seus filhos imprimem neles o interesse e o cuidado com os parentes, e aumentam em 5% a possibilidade de essa felicidade infantil ser levada à vida adulta.

LEADER 2001

# 13

## Não esconda nada da sua família

Talvez seja mais prudente manter segredo sobre certos fatos e só revelá-los depois de resolvidos, sobretudo se implicam alguma ameaça ou risco. Evitam-se assim expectativas por parte dos outros, bem como sofrimentos e cobranças. Mas é preciso ter cuidado com os segredos, pois eles podem gerar falta de confiança e insegurança. Na medida do possível, divida com seus familiares o que está acontecendo. Eles poderão apoiá-lo, incentivá-lo e até oferecer uma ajuda com que você não contava.

☺ ☺ ☺

Samantha saiu da consulta médica com uma instrução bem clara: se não perdesse peso, correria o risco de ficar diabética. Há algum tempo ela sentia os efeitos da gordura excessiva, mas nunca tomara uma providência séria para emagrecer. Dessa vez ela viu que sua saúde estava ameaçada.

"Eu não quis dizer nada para meu marido e meus filhos porque não queria preocupá-los, e tinha medo de não conseguir emagrecer. Afinal, já tinha tentado algumas vezes, sem sucesso."

Samantha então começou a limitar o tamanho das porções que comia e a alterar o cardápio da família, acrescentando alimentos mais saudáveis. Fazia caminhadas pelos arredores da casa depois que todos tivessem saído e passou a freqüentar uma academia de ginástica.

"Em um determinado momento eu me dei conta de que aquele mistério era uma grande tolice. Em vez de compartilhar minha preocupação e meus esforços, agia como se estivesse fazendo algo errado."

Finalmente, acabou contando para o marido e para os filhos que sua alimentação e os exercícios físicos faziam parte de um compromisso que ela assumira de investir na saúde para se sentir melhor. Eles lhe disseram que já desconfiavam de alguma coisa e manifestaram muita alegria e entusiasmo. Os filhos elogiaram o novo cardápio e o marido propôs-se a caminhar com ela. "É muito melhor ter o apoio deles. Sabendo da minha meta, querem sempre me ajudar, da forma que puderem. Também senti que minha família ficou mais unida depois disso."

☺ ☺ ☺

Estudos sobre pessoas que tentam mudar de vida – perdendo peso, por exemplo – demonstram que 22% delas têm mais probabilidade de ser bem-sucedidas em seus esforços quando se abrem com a família.

FISK 2002

---

# 14

## Você cria seus filhos a cada dia

Crianças não costumam ter parâmetros para saber se estão agindo corretamente e se estão tomando as melhores decisões. O principal referencial delas é a família. O que uma criança experimenta a respeito do relacionamento familiar influencia mais sua auto-imagem e sua auto-estima do que qualquer outra coisa. É importante que a criança sinta que a família a aceita incondicionalmente.

☺ ☺ ☺

Rachel perguntou a Sofia, sua filha de 5 anos: "Querida, você prefere voltar da escola de condução para dar tempo de ir ao cinema ou que seu pai vá buscá-la de bicicleta na escola?" A resposta foi imediata: "Eu prefiro que o papai vá me buscar. A coisa de que eu mais gosto é ficar com você e com ele."

A afirmação de Sofia parece ser universal no mundo infantil. Uma pesquisa informal feita pelo Center for a New American Dream (Centro para um Novo Sonho Americano) revela um dado valioso: nada é mais importante para as crianças do que seus pais. Mais de 90% das crianças disseram que seus pais eram mais importantes do que as coisas que o dinheiro pode comprar e mais de 60% afirmaram que preferiam ficar em casa brincando com os pais a ir ao shopping. O dado preocupante levantado pela pesquisa foi que algumas crianças não se consideravam importantes para os pais. Apenas 32% contaram que passam um bom tempo com os pais, enquanto as demais disseram que os pais são ocupados demais para lhes dar atenção.

Por mais que esteja sufocada de trabalho, o tempo de Rachel com Sofia é sagrado. "Os pais se sentem culpados por perderem um evento do filho e, para compensar, compram um brinquedo. Não é isso que a criança deseja ou necessita. Os filhos precisam dos pais, precisam sentir que eles têm alegria de se dedicar a eles."

☺ ☺ ☺

Crianças que tiveram um alto grau de amor familiar e de apoio têm chance 38% maior de desenvolver uma auto-imagem positiva do que aquelas que participam de inúmeras atividades extra-escolares mas não sentem real apoio e amor por parte da família.

ENRIGHT 2001

# 15

## Escute sem julgar

Quando alguém lhe dá alguma notícia que o deixa frustrado ou irritado, você procura ouvir o que a pessoa está dizendo? Consegue se colocar no lugar dela ou reage negativamente, expressando sua decepção, sua crítica ou até condenando? Ninguém é perfeito, todos erram, mesmo nas melhores famílias. Mas o fato que causou a decepção é muito menos importante do que a mensagem que você transmite com a sua reação. Procurar respeitar e entender a pessoa que o desapontou não significa concordar com o que ela fez – só contribui para o bom andamento da relação amorosa.

☺ ☺ ☺

Christine tinha horror de falar de suas experiências com os pais. Um ano antes de se separar, quando confidenciou à mãe que estava com problemas sérios no casamento, recebeu um conselho desinteressado e previsível: "Casamento é muito difícil mesmo. Trate de ter paciência e procure resolver suas crises."

Ela não as resolveu e se separou. Achou que a mãe ia explodir quando lhe contou da separação, e surpreendeu-se com a reação: "Pode contar com todo o meu apoio, pois só quero vê-la feliz." Christine nos disse: "Não pude acreditar. Receber o apoio de minha mãe foi a melhor coisa que me aconteceu." Hoje, Christine profissionalizou-se e usa a própria experiência para ajudar casais que estão se divorciando a lidar com suas famílias.

"Uma das coisas que os pais podem fazer num momento desses

é procurar ouvir e entender os sentimentos e as razões dos filhos, sem julgá-los. É disso que eles precisam."

Infelizmente, muitos pais se projetam nos filhos e partem para uma análise dos erros que levaram àquela situação. "É o pior momento para fazer isso", diz Christine. "Não pergunte a seus filhos por que o casamento deu errado. Em vez disso, ofereça apoio e deixe bem claro o seu afeto incondicional." Também não é o momento de os pais se culparem: as decisões dos filhos não têm necessariamente relação com o modo como foram criados. Christine diz que é comum os pais se punirem com pensamentos do tipo "Se não tivéssemos brigado na frente deles...", "Se não tivéssemos nos divorciado...", "Se tivéssemos sido mais presentes e dedicados..." Mas, dessa forma, acabam pensando apenas neles mesmos. "O único ponto importante é estar sempre aberto para as necessidades dos filhos", ressalta ela.

☺ ☺ ☺

Cerca de 8% a 10% das pessoas relutam em dividir decepções e fracassos com a família, por temer a reação que vão ter que enfrentar.

Golish 2003

# 16

## A proximidade não pode ser medida num mapa

Muitas pessoas chegam a mudar de calçada quando se deparam com um parente indesejado. Enquanto isso, outras que moram a quilômetros de distância mantêm um vínculo irrompível com seus familiares. Independentemente das distâncias geográficas, qualquer relação familiar exige investimento. E os laços que se criam podem iluminar a sua vida.

☺ ☺ ☺

O famoso jogador de beisebol Dontrelle Willis não cansa de creditar seu sucesso à sua mãe, Joyce Harris, que era uma ótima atleta quando jovem. O que mais contribuiu para o sucesso de Dontrelle não foi o talento herdado, mas a postura ética da mãe. Soldadora, Joyce ajudou a construir algumas das principais pontes da Califórnia.

"Ela me contou que havia dias em que não estava com a menor disposição de enfrentar o trabalho pesado. Mas, como precisava me sustentar, deixava o desânimo de lado e ia em frente. Quando fico desmotivado ou sinto preguiça, o exemplo de minha mãe é um estímulo para mim."

O contato estreito entre mãe e filho continua, agora por telefone: "Nós nos falamos depois de cada jogo. Não é porque alcancei o sucesso que ela vai deixar de me dar conselhos. Eu os acolho com o maior respeito porque sei que são valiosos, mas sobretudo porque vêm impregnados do afeto dessa pessoa admirável que é minha mãe."

☺ ☺ ☺

Pesquisadores revelam que pessoas que têm laços estreitos com a família são capazes de manter uma excelente comunicação ainda que morem distantes e entrem em contato através de telefonemas, e-mails e cartas.

KORN 2002

# 17

## Viva de acordo com as suas opiniões

Como dizer ao outro o que é importante para você? Como ter certeza de que sua família partilha seus valores e suas crenças? A maneira mais simples é expor, com freqüência, seus pontos de vista e idéias. Não através de palavras e discursos que, na maioria das vezes, são ineficazes. A melhor forma de transmitir os seus princípios é vivê-los no dia-a-dia, dando o exemplo. E mesmo que seus familiares discordem de algumas coisas, ouça-os e continue manifestando seu apreço por eles. As pessoas são muito sensíveis a demonstrações de apreço, pois se sentem valorizadas, em vez de criticadas ou exigidas.

☺ ☺ ☺

Transmitir seus princípios e seus valores de vida é o compromisso mais importante assumido por Sheila e Daniel na educação das duas filhas, Carolina e Miriam: "Queremos que elas sejam pessoas íntegras, generosas, solidárias, e que pensem no bem-estar do próximo. Que tomem consciência dos preconceitos e saibam tratar todos com respeito, independentemente de profissão, orientação sexual, idade ou aparência. Que amem a natureza e procurem preservá-la. E que aceitem as diferenças, sabendo que cada pessoa é um ser único", diz Daniel.

Mas o casal não faz sermões para as filhas. "Quando impomos autoritariamente nossa vontade, a criança se ressente e pode acabar fazendo exatamente o contrário, só para se sentir livre."

Os dois procuram viver no dia-a-dia os valores em que acreditam, dando o exemplo para as filhas. Em vez de criar expectativas sobre como elas devem ser, observam cada uma com afeto para descobrir suas características e respeitá-las. Estimulam as meninas, nas mais variadas situações, a seguir seu desejo e avaliar suas escolhas para tomarem a melhor decisão. Não hesitam em pedir desculpas quando perdem a paciência e dizem uma palavra mais áspera nem em reconhecer seus erros. É por meio dessa prática diária que procuram transmitir seus valores para as filhas. Há na casa de Daniel e Sheila um clima de afeto e alegria que chama a atenção dos amigos da escola que vêm visitá-las. "Meus colegas sempre comentam como meus pais são legais", conta Carolina. E os professores não se cansam de elogiar a atitude educada, simpática e espontânea das duas meninas.

☺ ☺ ☺

As chances de transmitir princípios e valores aos filhos são três vezes maiores quando há um clima de proximidade e de convívio intenso do que quando os pais insistem nos discursos e sermões.

BUYSSE 2001

# 18

## Os pais são alicerces, não muros

Como os pais são referências importantes para os filhos, é inevitável que estes se comparem com eles quando ficam mais velhos. Mas as comparações não contribuem para nada. Se os filhos não atingirem os mesmos patamares de sucesso dos pais, se sentirão frustrados. Se conseguirem superá-los, isso pode ser constrangedor. Cada pessoa tem que olhar para si mesma para descobrir seu desejo e seu caminho. Os pais devem ser alicerces que ajudam o filho a crescer dentro das próprias características, não muros a serem escalados para atingir o sucesso.

☺ ☺ ☺

O apartamento era apertadíssimo, e na despensa só havia alimentos básicos. O lazer de fim de semana se restringia a caminhadas ao ar livre, sem custos. Luxo algum era permitido, e nunca sobrava um dinheirinho no fim do mês. Essa foi a vida de Janice e de sua família durante muitos anos. Ela ficava em casa cuidando dos afazeres domésticos, e a maior parte do salário do marido era destinada a pagar a escola dos quatro filhos, pois o investimento prioritário era na educação das crianças. "Foi uma opção de vida. Durante os passeios, sonhávamos com tempos melhores. Sempre procuramos ver tudo pelo lado positivo, e nos alegrar com aquilo que conquistávamos, sem lamentar o que não tínhamos."

Janice ajudava nos deveres dos filhos e criou em casa uma espécie de clube do livro. As crianças liam o mesmo livro e discutiam, juntas, sobre ele.

Esse compromisso da família com a educação levou os filhos a destinos interessantes. Vinte anos depois, dois deles se tornaram médicos, o terceiro, professor, e o outro, artista.

"Sinto que cada um teve a liberdade de escolher o que lhe pareceu melhor, de acordo com a sua vocação. Não impusemos nada nem comparamos um com outro." Para ela, o melhor foi constatar que sua vida familiar funcionou como um grande trabalho de equipe. "Nem eu nem meu marido abrimos mão dos nossos sonhos. Cada um viveu o seu e estimulamos nossos filhos a seguirem os deles."

☺ ☺ ☺

Estudos mostraram que mais de sete entre dez jovens adultos se comparam freqüentemente com os pais no que diz respeito à carreira e aos relacionamentos.

GLASMAN 2002

---

# 19

## Faça com que dever e querer sejam a mesma coisa

Existe uma diferença muito grande entre o dever e o querer. Você sabe que deve comer legumes e frutas porque é mais saudável, mas sua vontade é devorar uma pizza. Nesse conflito, quase sempre "o querer" sai vencedor, mesmo que a longo prazo não traga coisas boas para você. Numa situação familiar, muitas vezes a obrigação e o desejo também entram em competição. Você deveria usar seu tempo livre para dar apoio a uma pessoa da família, mas quer primeiro se dedicar a um prazer seu. A melhor saída para o problema não é tentar reprimir sempre seus desejos, mas aumentar o prazer em relação às coisas que precisa fazer. Com o tempo, você vai sentir uma satisfação maior e conseguirá equilibrar deveres e desejos.

☺ ☺ ☺

Paula passou a tomar banho às pressas, a calçar os sapatos já no elevador, a ir engolindo um pedaço de pão pelo caminho e a abrir mão de qualquer atividade que lhe desse prazer. Degustar uma refeição com calma era algo registrado num passado bem remoto. Passar duas horas no salão de beleza? Lembrança antiqüíssima do tempo em que os dois filhos não eram nascidos. Seu pensamento recorrente era: "Quando chegará minha vez? Sei que não poderá ser sempre, mas preciso de pelo menos alguns momentos para mim." Sentia-se como uma extensão das necessidades, dos desejos e das exigências do marido e dos filhos. "Eu achava que nunca mais conseguiria ler o jornal ou tomar um banho demorado sem que alguém me interrompesse."

Na sua busca de uma solução, Paula conversou com vários amigos que tinham filhos. Cada um falou de sua experiência e Paula chegou a uma conclusão: "Eu me dei conta de que estava vivendo uma espécie de competição: o que era melhor para mim versus o que seria bom para minha família. Isso gerava uma verdadeira batalha para ver quem conseguiria o que queria no momento desejado. Passei a ver as coisas sob outro ângulo: o bom não é o que é conveniente para mim, para meu marido ou para as crianças, e sim o que é melhor para a família toda."

Mudando de perspectiva, Paula se deu conta de que seu principal objetivo é ser feliz, e que isso só será possível se sua família for feliz. Tomou consciência de que está vivendo uma fase temporária, em que não tem alternativa senão dedicar-se aos filhos pequenos, até mesmo para ajudá-los a se tornarem independentes e mais capazes de colaborar. Conversou com o marido, pedindo-lhe para partilhar mais as tarefas domésticas. Hoje em dia, Paula não se incomoda tanto com as intermináveis demandas. E só sai às pressas do banho ou deixa a comida esfriando no prato numa situação de emergência.

☺ ☺ ☺

Aqueles que sentem que há uma grande diferença entre o que *devem* fazer e o que *desejam* fazer pela família têm probabilidade 15% menor de se sentirem felizes na vida familiar do que aqueles que acham que o que devem e o que querem são muito semelhantes.

JANOFF-BULMAN E LEGGATT 2002

---

# 20

## Os ajustes nunca terminam

Construir uma vida satisfatória é muito parecido com criar um castelo de areia. Sua vida pode estar maravilhosa agora, mas pode mudar de repente, querendo você ou não. O segredo é aproveitar bem cada etapa. Usufrua a família, o trabalho, o esforço para conquistar algo, e usufrua também o período necessário para que as coisas que você deseja aconteçam.

☺ ☺ ☺

Patrícia teve que se ajustar a uma série de acontecimentos imprevistos em sua vida familiar. Três anos depois do nascimento de seu filho, ela perdeu o marido num acidente de carro. Criou o filho sozinha, e o menino tinha 10 anos quando uma amiga numa situação bem difícil pediu a Patrícia que criasse sua filha.

Apesar das dificuldades, Patrícia fez uma escolha. "Eu percebi que podia me afundar no sofrimento e na melancolia, mas decidi manter a alegria na minha vida familiar. É claro que nem sempre as coisas foram fáceis, mas cheguei à conclusão de que a vida é assim mesmo, cheia de altos e baixos. Percebi então que o importante é a gente se ajustar a ela, acreditando que a crise vai passar, e sobretudo usufruindo as pequenas alegrias que sempre existem. A maior delas foi ver meu filho crescer, fazendo suas descobertas e revelando sua personalidade. Essa foi uma enorme realização."

Patrícia conseguiu encontrar um prazer sem fim assistindo a seu filho, hoje adolescente, e a sua filha adotiva traçarem o próprio caminho, na escola e na vida.

"Talvez eles não sejam mais tão fofinhos quanto eram antes, mas agora é adorável conversar com os dois, ouvir suas idéias, ir ao cinema com eles e depois sentarmos numa lanchonete para comentar o filme. Sei que daqui a alguns anos eles sairão de casa, e será necessário fazer um novo ajuste na vida. Mas agora estou treinada e estou certa de que novas alegrias me esperam. É só me abrir para elas."

☺ ☺ ☺

Ser capaz de ajustar-se às mudanças na vida familiar e na vida profissional está associado a uma probabilidade 23% maior de manter um alto nível de satisfação com a vida. Os dados provêm de estudos sobre a capacidade das pessoas de se manterem felizes à medida que envelhecem.

CROSNOE E ELDER 2002

# 21

## Demonstre seu amor

Seus familiares deveriam saber que você de fato os ama muito. "Ora", você pode exclamar, "é claro que os amo!" Mas, por mais óbvio que seja esse amor, sua família precisa ouvir isso. É comum acreditarmos que as pessoas mais próximas sabem tudo o que estamos pensando e sentindo, e que por isso não precisamos falar. Mas dúvidas podem surgir, mesmo no nível inconsciente. Toda a família se sente mais segura quando você expressa claramente seus sentimentos.

☺ ☺ ☺

Monique cresceu numa família grande, dividindo a casa com seus irmãos e primos. Mas, mesmo no meio de tanta criança, ela nunca temeu perder o seu próprio espaço. "Todos os dias minha mãe me dizia um 'eu te amo' tão caloroso, tão verdadeiro, expressando tanto afeto, que nunca me senti insegura. Acho isso fantástico, porque eram muitas bocas a alimentar, muitas crianças para vestir, dar banho, escovar os dentes, muitas brigas para aplacar. Mas nenhum de nós, e falo por todos, deixou de se sentir amado ou cuidado. Sempre havia um abraço ou um sorriso para nos acolher."

O afeto que ela recebeu da mãe lhe serviu como poderosa lição. Monique, que hoje é mãe, conta que sua maior alegria é voltar para casa depois de um dia cheio e encontrar seus filhos, abraçá-los e ouvir suas histórias.

Mesmo realizada com o amor pela família, Monique sabe que a maternidade é uma tarefa muitas vezes árdua, que exige muito esforço e dedicação. "É um trabalho que não termina nunca, mas é o melhor emprego do mundo!"

☺ ☺ ☺

As pessoas têm uma propensão 47% maior para se sentirem próximas de quem expressa seu afeto com freqüência do que daqueles que raramente o fazem.

WALTHER-LEE 1999

---

# 22

## O lado positivo brilha no meio da escuridão

Quando estamos atravessando um período de muito estresse, é importante para nós e para nossa família pensarmos nas coisas boas que podem vir pela frente. Isso não quer dizer que você tenha que fingir que está tudo bem, ou negar o problema, e sim que você é responsável por tirar o foco dos pontos negativos e acreditar em um futuro melhor.

☺ ☺ ☺

Roger e Ana estão casados há mais de 50 anos. "As pessoas sempre dizem que tenho sorte por estar casada há tanto tempo. Mas a sorte tem muito pouco a ver com isso", conta Ana.

Sua afirmação tem base em acontecimentos reais muito dolorosos: Roger ficou desempregado quando a empresa onde trabalhava faliu. Anos depois, a casa deles foi destruída por uma inundação. E um dos seus filhos morreu tragicamente. Qualquer um desses fatos poderia ser devastador para um casamento, até mesmo para uma vida. Mas Roger e Ana batalharam para continuar juntos: "Roger sempre acreditava que a crise iria passar e que viriam dias melhores. Por isso nunca desistiu."

Roger sorri, sem conseguir explicar direito sua filosofia de vida, mas Ana prossegue: "Trata-se de algo bem simples: acordar todas as manhãs e agradecer pelo dia que está começando. É claro que poderão acontecer problemas. Mas sinta-se abençoado por ter mais um dia."

Ana diz que foi a atitude esperançosa do marido que a fez agüentar tantas dificuldades e sofrimentos. "Desistir é muito fácil, e fugir da luta, também. Mas, quando se faz isso, fica mais difícil superar o trauma. Temos que manter nossa família unida e educar nossos filhos. Roger garantiu que iríamos conseguir e eu acreditei. E ele estava totalmente certo."

☺ ☺ ☺

Mesmo nos tempos mais difíceis, ao pensarmos positivamente sobre o futuro, somos capazes de reduzir o estresse familiar em até 60%.

ATIENZA, STEPHENS E TOWNSEND 2002

# 23

## Perdão é mais do que um pedido de desculpa

Quando os fundamentos da família são o amor e a verdade, as crianças costumam aceitar e perdoar nossos erros. Sem esse alicerce sólido, os filhos tendem a achar que estamos sempre errados. O segredo para sermos perdoados pelos inevitáveis erros que todos cometemos não é apenas um sincero pedido de desculpa. A chave para o perdão é sobretudo a manifestação diária de amor, deixando muito claro que o erro não é um sinal de falta de interesse.

☺ ☺ ☺

Helena era obstetra e tinha uma agenda completamente imprevisível. Mas, por coincidência, sempre que havia uma reunião na escola dos filhos, uma festinha para buscá-los ou uma competição de natação, uma paciente entrava em trabalho de parto, impedindo Helena de participar do acontecimento familiar. "Mais um bebê nasceu", ela explicava aos filhos.

Eles tinham uma resposta na ponta da língua: "E por que esses bebês chatos nascem justamente nesses dias?"

"Mas, da próxima vez, prometo que não falto", rebatia a mãe diante de olhares céticos.

Helena percebeu seu erro: "Eu me desculpava de todas as maneiras. Fazia promessas, compensava com presentes. Mas os pedidos de desculpa funcionavam cada vez menos, e a minha credibilidade estava em baixa. Antes que meus filhos passassem a odiar todos os bebês do mundo, resolvi mudar."

Ela passou então a se dedicar de forma especial aos filhos sempre que estava presente, mesmo que para isso fosse preciso abrir mão de seu lazer. Mostrava a eles, com a maior sinceridade, quanto lhe custava perder momentos especiais da vida deles, mas mostrava também como sua profissão era importante para ela e para o sustento da família. Desenvolveu com os filhos atividades realmente prazerosas, e não meras compensações. Investiu conscientemente na relação com as crianças.

"Foi uma mudança extraordinária. É claro que eles reclamam quando não posso comparecer, mas as queixas têm outro caráter. Deixei de fazer promessas, porque geravam muita frustração. Hoje eles sabem que me empenho em comparecer, não por obrigação, mas pelo prazer de participar da vida deles. Sinto que eles estão seguros do meu amor e da minha dedicação."

☺ ☺ ☺

Mais de 80% da capacidade de perdoar das crianças provém da construção de um bom relacionamento, e não de um pedido de desculpa.

PALEARI, REGALIA E FINCHAM 2003

# 24

## O cansaço é um inimigo da família

A forma como você gasta seu tempo e sua energia vai determinar seu sucesso no relacionamento familiar. Um excesso de ocupações gera exaustão e impede que você tenha clareza e equilíbrio ao tomar decisões, pensar na família e dedicar-se a ela. Para ter uma vida familiar harmoniosa, você deve começar tratando a si mesmo da melhor maneira possível. Só assim poderá fazer o mesmo com a sua família.

☺ ☺ ☺

Leo trabalhava na frente de um computador mais de 10 horas por dia. Saía cedo de casa, muitas vezes nem via os filhos, e voltava tarde, exausto. Não sobrava tempo para uma atividade física, para ler um bom livro, para ouvir música. No fim de semana, eram tantas as suas incumbências – acordar cedo, aplacar brigas, levar as crianças ao cinema, ajudar a mulher nas tarefas domésticas – que ele torcia para que a segunda-feira chegasse logo. "Ir para o trabalho era o meu momento de descanso, por mais contraditório que isso possa parecer." Quando sua insatisfação tornou-se insuportável, foi procurar uma amiga que era psicóloga. Ela lhe mostrou que, se ele não tratasse bem a si mesmo, exerceria todas as funções – profissionais e familiares – como obrigações penosas.

Leo concordou, mas como iria conseguir isso? Prosseguiu nas conversas com a psicóloga, fez sua mulher participar delas, e foi descobrindo meios de melhorar a qualidade de vida. Deu-se conta de como era centralizador no trabalho e verificou que podia delegar algumas tarefas. Uma vez por semana ele sai com a mulher, deixando as crianças com a avó. Sempre que pode, vai à praia bem cedo e dá um mergulho. Põe um despertador para tocar às sete da noite para avisá-lo de que é hora de se preparar para encerrar o expediente. Agora que tem consciência da importância de estar bem com ele mesmo para usufruir os filhos e a família, Leo sempre encontra novas formas de relaxar e se divertir. Passou a encarar a família com um novo olhar, como uma fonte de alegria.

☺ ☺ ☺

> As pessoas que desenvolvem atividades mais exaustivas afirmam dispor de menos tempo para a família, e têm chance 32% menor de achar que a vida familiar funciona bem.
>
> ELEK, HUDSON E FLECK 2002

---

# 25

## O ciúme é automático

Por que meus pais gostam mais da minha irmã do que de mim? Por que meu filho parece gostar mais do avô do que de mim? Por que minha família não é tão unida quanto a de meus amigos? São perguntas que todos nós nos fazemos. E isso ocorre não por falta de amor, mas porque há no ser humano uma tendência permanente a competir. Estamos quase sempre nos comparando aos outros, e freqüentemente temos a impressão de ter falhado em algum momento. Reconheça esses sentimentos em você e aprenda a lidar com eles. Na maioria das vezes eles não correspondem à realidade. Abandone as fantasias e ponha os pés no chão.

☺ ☺ ☺

Monica e Moema eram um caso raro: as duas irmãs representavam a terceira geração à frente do restaurante que começara com seus avós sem nunca ter havido outros sócios. "Sabemos que nosso exemplo é fora do comum. Um contador especializado em empresas familiares ficou surpreso ao saber que nossa família permanecia no mesmo ramo há tanto tempo. Ele disse que dois terços das empresas desse tipo não sobrevivem à primeira geração, e três quartos não passam da segunda", conta Monica.

Orgulhosa, ela explica que entre os segredos do sucesso estão a capacidade de entendimento e a ausência de rivalidade entre as duas. "Sabemos que a competição e o ciúme são sentimentos inevitáveis, mas desde cedo aprendemos a lidar com eles. Nossos pais eram muito amorosos, e valorizaram em cada uma de nós características diferentes, sem fazer comparações. Conhecer nossas habilidades e talentos nos ajudou a criar uma divisão de trabalho muito produtiva. Com isso, conseguimos priorizar as necessidades do restaurante, não nosso ego. Não se trata de uma vitória pessoal; ela é sempre coletiva."

As duas irmãs contam que, antes de assumirem a empresa, passaram por um período de reflexão profunda. Primeiro, para saber se gostariam ou seriam capazes de levar aquele trabalho adiante. Depois, para prever os problemas que poderiam surgir se elas se deixassem levar pela competição ou pelo ciúme, e determinar o que deveria ser feito nesses casos.

"Desde cedo, nossa mãe nos ajudou a lidar com a verdade e a resolver os conflitos à medida que surgiam. Nunca varremos os problemas para debaixo do tapete. Às vezes, uma tem mais dificuldade em abrir-se, e cabe à outra tomar a iniciativa. O fato é que, com isso, temos grande prazer em conviver e em trabalhar juntas com tanto sucesso", conclui Moema.

☺ ☺ ☺

O ciúme é sentido desde muito cedo. A competição pela atenção familiar, segundo estudos, começa antes dos seis meses de idade e continua por toda a vida adulta. Sentimentos de ciúme familiar foram detectados em mais de 90% das pessoas.

HART E CARRINGTON 2002

---

# 26

## Estimule a persistência, não o desespero

Todos queremos ajudar os membros da família a ter sucesso. Mas há uma grande diferença entre esforçar-se e obter bons resultados. O esforço é algo que controlamos, e a dedicação nos ensina que tentativas consistentes geram recompensas e há sempre razões para prosseguir. Mas os resultados estão fora do nosso controle, e fracassos podem ocorrer, mesmo que o esforço tenha sido enorme. Nesses momentos corremos o risco de desistir, e aí o apoio da família é fundamental.

☺ ☺ ☺

Elenor escolheu um caminho profissional completamente diferente dos que seguiram seus familiares, num tempo em que havia poucas mulheres nessa função: quis ser baterista. Estudou teoria musical, convenceu os pais a fazerem um revestimento acústico em seu quarto, ganhou da avó o instrumento e passou a praticar pelo menos três horas por dia. Empenhou-se tanto que conseguiu uma bolsa de estudos para a Universidade de Berkeley, e hoje faz turnês pelo mundo inteiro.

"Só alcancei o sucesso porque recebi total apoio dos meus pais. Em momento algum eles depositaram um alto nível de expectativa ou disseram que eu só tocaria bateria se investisse também numa carreira convencional. Nunca ouvi algo do tipo 'isso não é coisa de mulher'. Tive total liberdade para escolher. Eles assistiram a centenas de apresentações minhas, algumas pouco brilhantes, mas sempre manifestaram grande orgulho."

Elenor também agradece à avó que incentivou seus sonhos e transmitiu-lhe confiança ao dar a ela a bateria de presente.

Não foi fácil. Ser músico é uma profissão difícil. "Houve momentos em que fiquei realmente desanimada. Mas toda experiência tem seu lado positivo. Sou do tipo que não desiste, e isso vem do meu amor à música e do fato de meus pais terem me incentivado a seguir o caminho do meu sonho", conta ela.

☺ ☺ ☺

Pais que valorizam mais o esforço do que os resultados têm probabilidade 34% maior de se orgulharem da dedicação dos filhos, e chance 27% menor de achar que os filhos irão facilmente desistir.

Blanchfield 2002

# 27

## É melhor ser justo do que estar certo

Sempre haverá desentendimentos entre as pessoas da família. Partindo desse princípio, qual a melhor maneira de lidar com os conflitos familiares? Como saber quem tem razão, se os pontos de vista variam de acordo com a experiência e a visão de cada um dos envolvidos? A resposta é: procurando ser justo – ouvir as duas partes e tentar colocar-se na perspectiva de cada um.

☺ ☺ ☺

Era mais uma briga entre os filhos adolescentes para definir quem estava certo daquela vez. As discussões tinham começado cedo, e o clima ia ficando cada vez mais pesado. Finalmente, levaram o problema à mãe, pedindo-lhe um veredicto.

"Não sou o Rei Salomão para saber quem tem razão", respondeu Jessica, procurando escapar. Para sua surpresa, o filho mais velho olhou para ela e disse: "Você poderia ao menos nos ouvir."

Jessica ficou perplexa. Pela primeira vez se deu conta de que os filhos não exigiam uma solução perfeita, e que ela não podia usar isso como desculpa para esquivar-se. "É claro que eles queriam um veredicto, mas o mais importante era ouvi-los."

Jessica decidiu não apenas se esforçar realmente para escutar o que os filhos tinham a dizer, como investir nisso. Estabeleceu um encontro familiar semanal no qual ela, o marido e os dois filhos falavam sobre tudo o que lhes vinha à cabeça.

Com isso, percebeu que "quanto mais você se comunica com a família, melhor é o seu relacionamento com ela". E o mais importante é que "cada um sentiu que seu ponto de vista era respeitado, o que permitiu aceitar os fatos sem julgamento ou rejeição."

☺ ☺ ☺

Para que se mantenha o respeito entre familiares numa situação de conflito, a certeza de que se faz justiça é oito vezes mais importante do que a percepção de que você está certo.

MONTFORD 2002

# 28

## Cada número tem seus desafios

A maioria das pessoas pensa que a vida dos outros é fácil. Se sua família é pequena, você pode imaginar que uma família numerosa oferece mais apoio e ajuda a seus membros. Se sua família é grande, talvez você sonhe com uma família pequena, em que as pessoas estão mais próximas. A verdade é que, independentemente do tamanho, as famílias sempre enfrentam desafios – eles apenas são diferentes.

☺ ☺ ☺

Dana conhecia bem os dois lados do problema. Como havia crescido ao lado de cinco irmãos, ela e o marido, Rick, resolveram ter apenas um filho. Uma das coisas de que ela mais gostava era dar banho no menino. "Eu estava apaixonada pelo meu bebê e queria observar seu crescimento", dizia. Rick sentia o mesmo. "Sou totalmente ligado nele, e quero ter certeza de que faço tudo certo para meu filho."

Acompanhar o crescimento de um só filho pode até parecer fácil para quem tem uma família numerosa, mas Dana e Rick descobriram que a opção pelo filho único também traz alguns desafios. "Temos que providenciar, por exemplo, as oportunidades de aprendizagem que existem naturalmente na convivência entre irmãos", explicou Rick. "Ao lado de outras, as crianças têm chance de aprender a dividir, partilhar e resolver conflitos, o que lhes dá maior senso de justiça. Juntas elas também se divertem muito. Fico me perguntando se meu filho está perdendo alguma coisa por não ter irmãos."

Além dessas preocupações, Dana e Rick ainda tinham que lidar com as insinuações de amigos e parentes que lhes cobravam mais filhos. "Eles viviam perguntando quando teríamos outro filho, como se nossa família não fosse completa do jeito que é."

Para Dana, no entanto, foi importante constatar que o amor e o afeto sempre existem, independentemente do número de filhos. "Você tanto pode ter um único filho como pode ter quatro ou cinco; se ama cada um deles, você possui uma família de verdade."

☺ ☺ ☺

Estudos mostram que em famílias pequenas os familiares tendem a ser mais próximos uns dos outros do que em uma família numerosa, mas também correm um risco maior de se sentirem sós.

KIRBY 2000

# 29

## Pense na sua família mesmo quando não precisar dela

Temos a tendência de procurar a família quando passamos por dificuldades, em busca de conforto, apoio e companhia. Porém não podemos usar os parentes como se fossem uma loja de conveniência aonde vamos na hora em que precisamos, mas que permanece ignorada na maior parte do tempo. Se você pensa com afeto nas necessidades de sua família mesmo quando não está com problemas, estabelece com ela uma relação de troca mais harmoniosa.

☺ ☺ ☺

Ao saírem da casa dos pais para viverem sozinhas, Jennifer e Lauren tinham sentimentos muito diferentes em relação à família. Lauren não via a hora de se mudar; era como se aquela liberdade recém-descoberta fosse transformá-la em uma nova pessoa. Já Jennifer, apesar de uma certa relutância, no fundo achava que deveria tentar viver por conta própria.

As duas mantinham contatos ocasionais uma com a outra, mas a relação com os pais era bem diferente. Jennifer sempre se comunicava com eles, mas Lauren, nem tanto.

Foi preciso que o pai sofresse um derrame cerebral para que as duas irmãs se aproximassem dele e da mãe, procurando dar todo o apoio. Lauren e Jennifer se organizaram para se revezarem nos fins de semana, proporcionando à mãe algum descanso e fazendo mais companhia ao pai.

"Só então eu me dei conta de uma série de sentimentos", conta

Lauren. "Antes, via a casa dos meus pais como uma espécie de hotel que, depois de adulta, não precisaria mais freqüentar. Com isso, perdi a chance de receber amor e apoio. Mas mudei completamente: agora, sempre que precisarem de mim, estarão em primeiríssimo lugar. Não por obrigação, mas por amor."

A dor e as dificuldades ajudaram Lauren e Jennifer a se tornarem mais próximas, como irmãs e como filhas. "Até passarmos por isso e decidirmos nos revezar, eu e Jennifer não éramos tão unidas. A relação com nossa mãe também se transformou numa verdadeira e intensa amizade", conta Lauren.

☺ ☺ ☺

Estudos sobre pessoas que passam por momentos difíceis na vida profissional – como transferências e demissões – revelaram que mais de 70% delas contam com o apoio da família para enfrentar mudanças. Mas a satisfação com a vida em família é maior entre aquelas que mantêm um relacionamento íntimo, mesmo em circunstâncias normais.

HECHANOVA, BEEHR E CHRISTIANSEN 2003

# 30

## Não deixe a negatividade crescer

Quando há raiva e frustração em um grupo familiar, é quase inevitável que esses sentimentos contaminem todo o grupo. Se alguém se sente deprimido, age de maneira a expressar sua infelicidade. E esse comportamento depressivo espalha desânimo entre os demais. Se uma pessoa da família estiver passando por uma crise destrutiva, não tente apenas mudar seu comportamento, procure também identificar a raiz do problema. Caso contrário, você pode se ver envolvido em um círculo vicioso de reações, sentimentos e comportamentos negativos.

☺ ☺ ☺

A família de Eric Robert é constituída de atores. Seus pais, quando jovens, dirigiram uma escola de teatro. Eric e as duas irmãs, Lisa e Julia, cresceram desejando ser atores, o que acabou acontecendo, com graus variados de sucesso. Hoje em dia, as duas romperam a relação com o irmão.

"Discordamos em duas ou três questões-chave envolvendo a família, o que é comum. Mas, por sermos famosos, havia sempre um holofote sobre nós, uma lente de aumento sobre os nossos problemas, tornando tudo mais complicado. São os ossos do ofício, mas, com certeza, um grande ônus da profissão."

Eric reconhece que no passado não foi o irmão ideal, e aceita que as irmãs digam que ele era um criador de casos. Mas acha que o que prejudicou o relacionamento deles foi não terem tido sabedoria para aplacar os problemas, tendo deixado que se agravassem.

"O que começou como uma decepção virou um conflito que se transformou em uma guerra. Cada passo foi nos colocando numa situação pior do que a anterior."

Eric lamenta não conseguir se aproximar das irmãs para pedir desculpas e reparar a desavença familiar. "Tentei entrar em contato com as duas diversas vezes, e nunca obtive resposta. Deixei de procurá-las. Mas gostaria de ter um encontro com elas. Se não for possível, perdemos todos. Se der certo, somos nós que ganhamos."

☺ ☺ ☺

Psicólogos observaram que pessoas com relações familiares difíceis são seis vezes mais propensas a deixar que um problema específico avance para outras áreas, provocando novas desavenças, se não optarem por resolver o conflito inicial depois que a raiva ceder.

Hoeveler 1999

---

# 31

## Aceite o estresse prazeroso

Responda rapidamente: você prefere bater perna em seis lugares diferentes ou ter um dia inteiro para descansar, ler ou fazer outra atividade bem tranqüila? A maioria das pessoas optaria por relaxar, porque passar horas rodando pela cidade significa ter um dia cansativo. Mas percorrer quilômetros fazendo coisas para a nossa família, ou com ela, é uma forma de expressar nosso afeto e dedicação. E embora seja importante reservar um tempo para você, é preciso reconhecer e valorizar as principais necessidades de seus familiares, procurando não vê-las como um fardo e motivo de estresse. O estresse é ruim quando nos sobrecarrega, ou quando provém de atividades que não valorizamos. Mas um pouco de estresse provocado pelo esforço de se dedicar à família pode ser positivo.

☺ ☺ ☺

Florence revelou desde pequena vocação para a maternidade. Na fazenda onde cresceu, sempre que uma ninhada de porquinhos nascia, ela se dedicava a uma função importantíssima: "Minha maior tarefa era evitar que a mãe se sentasse sem querer em cima dos filhotes."

Já adulta, exerceu durante quase 40 anos o papel de mãe e parteira. Criou seus dois filhos e trouxe ao mundo uma porção de crianças nascidas em casa. Amparou mulheres em trabalhos de parto que duravam menos de uma hora e em outros que levavam o dia inteiro.

É Florence quem afirma: "Aprende-se mais com as gestações difíceis. Quando lidamos com elas, ficamos mais bem preparadas para o que der e vier." Seu trabalho a fez se levantar da cama no meio da noite em diversas ocasiões, interromper um jantar em outras tantas, voltar do meio do caminho ou cancelar compromissos sociais algumas centenas de vezes.

A combinação da maternidade com sua profissão não deixou muito tempo sobrando para ela mesma. Seu período de férias sempre foi reduzido, pois não podia se ausentar por muitos dias. Mas trabalhar e cuidar de sua família nunca foram um peso para Florence. "É aquele tipo de cansaço bom, por ter feito o máximo possível por outra pessoa e pela minha família. Acho que sinto isso desde pequena."

☺ ☺ ☺

Pais que equilibram trabalho e vida familiar têm chance 41% maior de ficar satisfeitos com a própria situação se enxergarem os aspectos positivos do estresse – principalmente se tiverem consciência de que o esforço despendido faz parte do tipo de vida que escolheram.

JACKSON E SCHARMAN 2002

# 32

## A vida familiar não tem preço

Pense numa família perfeita. Mesmo que os personagens variem, provavelmente você vai imaginá-los vivendo numa casa linda, numa cidade maravilhosa, com um enorme carro novo parado à porta. Mas, na verdade, a felicidade familiar não pode ser medida pelos bens que a família possui. Nunca deixe o dinheiro se intrometer entre você e seu compromisso com a sua família ou o prazer que sente ao lado dela. Não há nenhum proveito nisso.

☺ ☺ ☺

"Começo a semana sempre com a carteira cheia de dinheiro. Termino a semana com um monte de recibos de cartão de crédito e sem um centavo sequer. O pior é que não entendo como isso acontece", reclama William, com algum exagero.

“O maior problema ao tentarmos colocar nossas finanças em ordem é que não sabemos para onde o dinheiro vai. Quanto você gasta com o carro por mês? Não somente com as prestações, mas com o combustível, o seguro, a oficina, os estacionamentos? A maioria das pessoas não tem noção desse valor, mas é fácil chegar a ele, basta fazer a soma.” Provedor de uma família formada por filhos que pediam – e ganhavam – um brinquedo a cada esquina, uma mulher que ignorava o motivo de não conseguirem economizar dinheiro algum e ele mesmo, atônito com a situação, William resolveu mudar tudo.

Começou guardando os recibos para ter a exata noção dos gastos. Covenceu a mulher a fazer o mesmo. Decidiram resistir ao impulso de comprar todo brinquedo que era pedido. E resolveram dar uma mesada para os filhos administrarem, poupando se quisessem comprar algo maior.

“Ao descobrirmos como o dinheiro estava sendo gasto, pudemos estabelecer um orçamento. Fomos capazes de ver que algumas áreas, apesar de pouco importantes, nos oneravam muito. Fizemos cortes e realocamos a verba, inclusive para a nossa poupança.

“Em vez da frustração financeira permanente que havia antes, agora somos capazes de lidar com a realidade. E o surpreendente é que, embora nos ocupemos mais com nosso orçamento, perdemos muito menos tempo nos preocupando com dinheiro. Assim, temos mais tranqüilidade para usufruir a vida em família”, conta William.

☺ ☺ ☺

Quando as necessidades básicas foram atendidas, o status econômico da família não tem influência alguma na sensação de satisfação com as nossas vidas.

Louis e Zhao 2002

# 33

## Atitudes tranqüilas são mais eficazes

Quando desejamos ou esperamos alguma coisa de alguém, passamos por diversos estágios. Começamos simplesmente esperando. Depois, pedimos calmamente. A seguir, cobramos com mais vigor. Até passarmos a exigir. A cada etapa, ficamos mais enraivecidos. Essa reação pode ocorrer quando estamos lidando com uma criança ou um adulto, numa situação familiar ou numa oficina de automóveis. Embora a forma que adotamos possa nos parecer natural, nem sempre é a mais eficiente. Em vez de nos deixarmos irritar, precisamos encontrar uma saída para resolver o problema. Se nos concentrarmos na solução, constataremos que manter a calma e a firmeza é muito mais eficaz do que pressionar e agir de mau humor.

☺ ☺ ☺

A cabeça está sempre coberta por um véu. Nos braços, uma vasilha cheia de palha de pinheiro queimando solta nuvens de fumaça. É assim que Edmond se protege para não ser atacado pelos insetos que garantem a sua subsistência. Depois de anos de experiência, ele se movimenta com segurança, em meio a enxames de abelhas zumbindo, para colher o mel.

"Ter apiário dá muito trabalho, mas é gratificante", conta Edmond. Com a ajuda da família, ele cuida de milhares de colônias. "No início, eu morria de medo das abelhas, mas superei meu temor convivendo com elas. São muito sensíveis e temperamentais. Mas, se ninguém as provocar, não fazem nada."

Na época da colheita, Edmond e sua família trabalham cerca de 12 horas por dia. "As abelhas são o negócio da minha família. Aprendi muito com elas sobre o relacionamento com meus familiares. Se você agir sem pensar, se for impulsivo e agressivo, certamente terá problemas. Se quiser se impor a qualquer custo, também não vai conseguir nada. Mas, se respeitar as características de cada um, se tiver calma, cuidado e firmeza ao lidar com eles, será capaz de contornar qualquer situação."

☺ ☺ ☺

Os responsáveis que se irritam muito porque os filhos não seguem as regras impostas são 43% menos confiantes nas suas habilidades como pai e mãe, e têm probabilidade 58% maior de se estressarem com as situações. Acabam se deparando com o mesmo problema – sem resolvê-lo – com uma freqüência três vezes maior.

Olson, Ceballo e Park 2002

---

# 34

## A vida familiar nos ensina a conviver

Muitas das lições que a vida familiar nos ensina são poderosas, mas silenciosas. Ao tratarmos outra pessoa com respeito e cuidado, mostramos às crianças como elas devem se comportar com seus entes queridos. Não há exceções: se você tratar mal alguém da sua família, mesmo que seja uma vez ou outra, os exemplos não passarão despercebidos. Desde muito cedo suas atitudes poderão deixar marcas nos mais próximos que durarão a vida inteira.

☺ ☺ ☺

São oito mulheres, amigas há 40 anos, que se conhecem desde o tempo da escola e que mantêm contato até hoje: não importa o que aconteça, encontram-se religiosamente uma vez por mês.

Já compartilharam muitas coisas boas e outras bastante ruins. Deram força umas às outras em ocasiões como divórcio, ou a perda de familiares queridos. "Houve noites em que só choramos; outras em que rimos até não poder mais", conta Geena, a mais velha do grupo e a organizadora dos encontros.

Os laços que as unem desde a escola foram e são reforçados por valores como verdade e lealdade. "Todas nós pensamos no grupo como uma segunda família. E nos damos conta de que o amor vivido, sentido, experimentado em nossas casas durante a infância e a adolescência nos ajudou muito a formar e solidificar esse vínculo maravilhoso que nos une. E agora essa amizade faz com que seja mais fácil lidar com a família que criamos."

Desde crianças, essas oito mulheres se trataram da melhor maneira possível. "Sempre aceitamos as diferenças entre nós, que não eram poucas nem pequenas. Nossas famílias tornaram isso possível. Todas viemos de lares amorosos que nos prepararam para estabelecer laços de afeto com os outros."

"Com amigas como essas, temos sempre alguém disponível para nos apoiar, exatamente como numa família que se ama", diz Geena.

☺ ☺ ☺

A capacidade de manter a amizade entre colegas da escola é duas vezes maior entre aqueles que declararam ter recebido amor e apoio familiar.

BUSBOOM, COLLINS, GIVERTZ E LEVIN 2002

# 35

## O que você vê nem sempre corresponde à verdade

A aparência externa de alguém não revela o que essa pessoa é de fato. Tome cuidado ao avaliar as características e as necessidades de uma criança, ou de qualquer outra pessoa, para que suas suposições não eliminem a sua capacidade de identificar verdades silenciosas.

☺ ☺ ☺

"Ela era simplesmente brilhante. Muito inteligente, cheia de energia, transbordante de vida", diz Wendy sobre a filha Chloe. "Quando olhava para meus filhos e pensava em seu futuro, imaginava Chloe cursando uma escola excelente e preparando-se para uma carreira de sucesso. Nunca me preocupei com o que ela pudesse estar pensando, porque me parecia óbvio que ela estava sempre satisfeita."

Quando foi chamada à escola da filha, e a coordenadora recomendou que sua filha fosse submetida à avaliação de um psicólogo, Wendy ficou inteiramente atordoada. Depois da sessão com Chloe, o psicólogo diagnosticou depressão.

"Chocada é pouco para descrever o que senti. Era absolutamente inacreditável que Chloe estivesse deprimida e precisando de ajuda."

Mas a menina acabou confidenciando ao psicólogo, e mais tarde aos pais, que ela se sentia muito sozinha, pois suas amizades na escola eram superficiais. Tinha a impressão de estar sempre representando e sentia-se marginalizada pela família, como se não fizesse parte dela.

Wendy, então, percebeu que a imagem que criara da filha havia impedido a menina de expressar sua vulnerabilidade. "Não podia ajudá-la simplesmente porque não me dava conta de que ela precisava de apoio."

Por sorte, Chloe mudou drasticamente seu jeito de ser – e para melhor. Hoje, ela diz que se sente mais parecida com "a pessoa alegre que todo mundo pensava que ela fosse".

☺ ☺ ☺

Pesquisadores detectaram um alto índice de concordância entre pais, professores e amigos quanto às classificações de comportamento, felicidade e nível de satisfação de uma criança. Ainda assim, essa escala difere significativamente da autopercepção do estudante em 31% dos casos.

TYAGI E KAUR 2001

# 36

## Não entre em competição com as outras gerações

Baseados nas histórias que nos contam sobre nossos antepassados, temos a impressão de que, comparada com a nossa, a vida deles era muito mais feliz. Ouvimos dos mais velhos descrições de como tudo em seu tempo era diferente e melhor. Mas não estamos disputando um concurso com nossos pais, avós ou bisavós para saber quem teve a família mais bem-sucedida. Sobretudo, precisamos saber que muita gente romantiza e fantasia o passado, registrando apenas os aspectos positivos e ignorando os negativos. Não entre nessa competição com o passado: ela não leva a lugar nenhum e nunca poderá ser vencida.

☺ ☺ ☺

"Está tudo errado, não é dessa maneira que eu faço isso." Para o psicólogo Mike Duncan, essa frase dita por uma mãe ou por um pai a um filho é uma das grandes causadoras dos conflitos familiares. "Muitas vezes, os pais têm dificuldade em se desligar da função que exercem, mesmo quando os filhos já passaram dos 40", ele explica.

Uma de suas pacientes, por exemplo, briga sempre com a mãe por causa de seus conselhos sobre alimentação, limpeza da casa e educação das crianças. "O adulto às vezes se sente como uma criança na presença dos mais velhos, e considera esses conselhos verdadeiros insultos; os comentários negativos soam ainda pior."

Não é à toa: segundo o psicólogo, as "sugestões" têm sempre um tom de superioridade expressa em frases do tipo "No meu tempo, fazíamos melhor...".

Um dia, a paciente de Mike se descontrolou diante de um comentário da mãe. "Ela se fazia de vítima cada vez que eu discordava dela e partia para a chantagem emocional." O caminho encontrado foi levar a mãe menos a sério, dando um desconto quando ela dizia que as coisas no seu tempo eram muito melhores. "Não há vantagem ou desvantagem em ter nascido numa determinada época. A sociedade muda, a cultura muda, a realidade também, e isso significa que, assim como seus pais e avós, você terá que adaptar sua vida ao mundo em que vive", Mike analisa.

Outro conselho que ele dá para lidar com os conflitos de gerações é encarar os comentários como sugestões bem-intencionadas, e não como ataques de um adversário. Por outro lado, ele recomenda que os mais velhos reflitam sobre seu propósito: se é realmente ajudar ou apenas se afirmar. "Se quiser mesmo ser útil, apresente suas idéias como uma contribuição positiva, não como uma crítica negativa."

☺ ☺ ☺

> As pessoas estão constantemente revendo o próprio passado. Em estudos mais prolongados, menos de duas entre dez pessoas têm sobre a sua atual vida familiar a mesma opinião que tinham há 20 anos, quando foram entrevistadas pela primeira vez sobre o assunto.
>
> KING E ELDER 1998

---

# 37

## A expectativa deve corresponder ao que a pessoa é

Há uma tendência de termos pronta na cabeça a imagem da filha ou do filho perfeito. Idealizamos sua personalidade, seus interesses e a carreira que ele vai seguir. Temos tudo isso em nossa mente – mas é preciso cuidado para não impor nenhuma dessas expectativas aos nossos filhos. Em primeiro lugar, porque cada pessoa tem o direito de construir sua história de acordo com suas características próprias. Os filhos que não conseguirem corresponder às fantasias dos pais vão se sentir fracassados. E aqueles que se guiarem pelos sonhos dos pais cairão na armadilha de uma vida que não foi escolhida por eles. Para incentivar os filhos a darem o melhor de si mesmos, temos que procurar conhecê-los e oferecer-lhes os meios para que se realizem de acordo com seu próprio desejo.

☺ ☺ ☺

"Somos uma família de seis irmãos", conta Julie, "e cada um seguiu um caminho diferente. "Eu trabalho numa grande corporação, uma irmã em uma ONG, um irmão é repórter de TV, outro faz um trabalho secreto para o governo. E ainda tem uma que é mãe de família em tempo integral e outro que é sacerdote."

Julie conta que os encontros familiares muitas vezes rendem conversas interessantes. "Todo mundo está interessado no que o outro faz, por serem experiências muito diferentes."

Na sua opinião, o mérito é dos pais que deram aos filhos liberdade para que seguissem seus próprios caminhos. "Sempre senti que meus pais olhavam cada um de nós como uma pessoa única que precisavam conhecer para que fosse respeitada e incentivada de acordo com suas próprias características. A primeira reação que tinham quando expúnhamos uma idéia era: 'Isso não é ótimo?' Eu sentia que eles queriam que fôssemos felizes, que cada um seguisse seu caminho e que não houvesse competição entre nós. Posso afirmar que foram muito bem-sucedidos."

☺ ☺ ☺

Pais mais abertos em relação ao futuro dos filhos têm probabilidade 14% maior de se sentirem mais próximos deles, e correm 19% menos risco de os filhos evitarem conversar com eles sobre assuntos pessoais.

OAKLEY 2001

# 38

## A ordem de nascimento dos filhos não tem influência

Será que o filho primogênito está destinado a ter uma vida diferente da que terá o filho do meio? E o filho de uma família numerosa terá, obrigatoriamente, uma vida diferente daquela de um filho único? Pesquisas indicaram que a ordem de nascimento estabelece diferenças de personalidade – por causa de diferenças existentes na relação com os pais e os irmãos. Mas, nos aspectos mais importantes da vida, essa ordem não tem influência.

☺ ☺ ☺

Elaine é professora e mãe de três crianças. Foi a partir de sua experiência que respondeu às perguntas sobre a influência da ordem de nascimento nas características das pessoas.

Ficou espantada ao saber que uma tese afirma que o filho mais velho é o único realmente responsável, enquanto os irmãos mais novos tendem a ser sedutores e manipuladores.

No entanto, ela descobriu, através da observação e de leituras, que a ordem de nascimento não é um indicador tão preciso.

"Há muitas outras razões confiáveis para explicar por que uma pessoa é de determinado jeito. Se desejo saber algo sobre alguém, vou querer conhecer seus pais muito mais do que a posição que ocupava na ordem de nascimento."

Ela acredita firmemente que "cada um de nós é um ser único, com uma única e particular história. A ordem de nascimento pode ter muito, pouco ou nada a ver com isso".

Elaine alerta para os riscos de acreditar na ordem de nascimento como fator determinante. "Muita gente se esconde atrás dessa teoria das diferenças entre o filho primogênito, o do meio e o caçula para justificar o seu modo de ser."

☺ ☺ ☺

A qualidade do relacionamento e da satisfação familiar é a mesma, independentemente da posição que ocupamos na ordem de nascimento.

GRIFFIN 2002

---

# 39

## Seja pontual

Pode parecer bobagem, mas o comparecimento na hora marcada é uma mensagem importante para a sua família. Mesmo que o encontro não seja tão relevante, ser pontual demonstra respeito e comprometimento. Deixa claro que você cumpre com a sua palavra e que o evento tem tanto valor para você quanto para a pessoa que você vai encontrar.

☺ ☺ ☺

"Certa vez, Woody Allen declarou que 90% do sucesso vem do fato de cumprirmos com os nossos compromissos – e respeitar o horário combinado é um deles", diz Manuel, que dirige um programa destinado a pais principiantes. "Eu repito isso aos meus alunos todos os dias."

"Vocês querem um conselho simples? Pois bem: façam sempre aquilo que disseram que fariam, sem exceções, sem desculpas. Sua palavra é tudo para uma criança."

O especialista em relações familiares diz que as pessoas se preocupam com coisas irrelevantes. "Seu filho vai sobreviver se não tiver o tênis mais novo ou o brinquedo mais caro. Mas sofrerá todas as vezes que os pais faltarem a um compromisso", continua Manuel.

O valor da verdade começa a ser formado na vida de uma criança a partir de sua total confiança nos pais: quando eles dizem "sim", querem dizer "sim". Se dizem "não", é "não". "Se você avisa que vai comparecer a tal hora em tal lugar, esteja lá. Fim da história. As crianças precisam desse tipo de segurança, que as ensina a ser responsáveis e sobretudo demonstra quanto elas são importantes para você."

Manuel diz aos pais que essa é uma evidência indiscutível. O amor e o comprometimento dos pais são a base para impedir que os filhos venham a sofrer algum tipo de transtorno emocional ou se envolvam em comportamentos ilícitos.

"O mundo é complicado e parece fora de controle", admite Manuel. "Mas há algo muito simples e controlável: a confiança que vocês transmitem aos filhos e a segurança que lhes dão cumprindo o que prometeram. Por favor, cheguem sempre na hora marcada."

☺ ☺ ☺

Atrasos costumam acontecer nas famílias. Mas aqueles que chegam freqüentemente atrasados demonstram ter 23% menos capacidade de ser conscientes dos seus compromissos e 9% menos satisfação com a própria vida.

FOUST 2002

# 40

## A comunicação nos aproxima

Quando avaliamos se devemos ou não compartilhar nossos sentimentos com um parente ou discutir com ele questões importantes, levamos quase sempre em conta o grau de intimidade com a pessoa. Somos próximos o suficiente para conversar sobre aquele assunto? Mas esse raciocínio leva a um círculo vicioso: ao optar por não dividir um assunto com um familiar por não se sentir à vontade com ele, você evita a aproximação. Por outro lado, abrir-se com alguém pode aumentar a intimidade.

☺ ☺ ☺

Não havia dúvida de que Vivian, a filha de 16 anos, e Sabrina, a mãe, se amavam. Podiam passar tardes inteiras conversando sobre os assuntos mais diversos: a novela que assistiam juntas, a roupa que a filha usaria na festa de sábado, a família do pai, as colegas da escola, os planos para as próximas férias...

Mas Sabrina sabia que estava mais do que na hora de tocar em dois temas bem profundos com a filha: sexualidade e drogas. "Apesar de ser mãe de Vivian, eu não sentia intimidade suficiente para falar sobre esses dois assuntos. Tinha medo de invadir seu espaço e acabar perdendo sua amizade e a harmonia da nossa relação."

Conversando com uma amiga, Sabrina se deu conta de que devia abordar essas questões se quisesse realmente participar da vida da filha e ajudá-la. "Aprendi que é muito bom ser amiga de Vivian, mas que sou sobretudo sua mãe. São relações diferentes. Para manter a harmonia do nosso relacionamento, minha função principal deve ser educá-la."

Quebrar a primeira barreira para tocar no ponto foi o momento mais difícil para Sabrina. "Mas falei diretamente, e acabou sendo ótimo. Vivian aceitou muito bem, não me achou uma mãe invasora, daquelas que fiscalizam a vida dos filhos. Chegou a me confessar que muitas vezes tinha desejado conversar sobre essas coisas comigo, em busca de orientação, mas tinha medo da minha reação. Na verdade, nós duas encarávamos as questões como tabus. Quando as tratamos com naturalidade, tudo se resolveu."

A partir daí, Vivian e Sabrina fortaleceram o vínculo que as unia e desenvolveram uma intimidade maior para tratar de qualquer outro assunto sem rodeios, sem preconceitos. Sabrina concluiu que deixar de falar por temer a reação do outro sempre cria algum tipo de distanciamento.

☺ ☺ ☺

Uma pesquisa sobre a freqüência com que as mães conversam sobre temas delicados com suas filhas adolescentes revelou que a disposição de discuti-los aumenta em 36% a intimidade da relação ao longo do tempo.

SILVERBERG, KOERNER, WALLACE, JACOBS, LEHMAN E RAYMOND 2002

# 41

## Cada pessoa está numa relação diferente

Imagine cinco pessoas usando diferentes receitas para fazer um bolo. Mesmo que todas tenham o mesmo objetivo, cada uma vai realizar as etapas ao seu modo. No final, todas terão feito um bolo. E as diferenças entre os bolos serão menos importantes do que o resultado compartilhado. O mesmo acontece com as relações familiares. Cada membro da família estabelece relacionamentos a seu modo. Mas as diferenças na maneira de estabelecer relacionamentos são muito menos importantes do que o resultado obtido. Não pense que formas diferentes de relacionar-se significam falta de compromisso no relacionamento.

☺ ☺ ☺

Mary Lin, uma arquiteta famosa, atribui ao pai o sucesso em sua carreira profissional. O incentivo do pai foi "o fator decisivo para que eu alcançasse meu objetivo. O fato de ele acreditar na minha capacidade me deu confiança e segurança."

Ela conta que o modo como se relacionava com o pai era completamente diferente do seu relacionamento com a mãe. "Minha mãe manifestava seu afeto de forma explícita. Abraçava, beijava, elogiava. Meu pai parecia uma pessoa fechada, de poucos gestos afetivos. Mas freqüentemente me chamava para darmos uma volta, e ouvia com a maior atenção meus planos e sonhos, fazendo curtas observações que me transmitiam a confiança que ele tinha em mim."

Mary afirma que a experiência com os pais foi importante para que, ao longo da vida, ela conseguisse estabelecer laços de afeto com as mais diversas pessoas. "Cada um tem sua forma própria de expressão. Minha mãe era exuberante em suas manifestações, meu pai, contido. Mas tenho certeza de que os dois me amavam muito. O mesmo acontece com as demais pessoas: umas têm mais facilidade de exteriorizar o que sentem, outras, menos. Mas, se você prestar atenção, o amor pode se revelar de formas sutis, mas bem concretas: a amiga que raramente me procura mas com quem posso sempre contar quando preciso de ajuda, a que se manifesta com especial carinho na data do meu aniversário, o amigo para quem telefono quando preciso que alguém me escute." Mary conclui: "Dê um crédito de confiança às pessoas fechadas. Assim como meu pai, elas podem ser fundamentais em sua vida. Acolha e retribua seus gestos de afeto, e você as ajudará a se abrirem com mais facilidade e a crescerem na expressão do afeto."

☺ ☺ ☺

Pesquisadores revelaram os resultados de um estudo com 10 casais. Em oito deles, o marido e a mulher descreveram a relação familiar de formas diferentes. Apenas em dois casais os cônjuges tinham uma visão semelhante do relacionamento.

Brussoni 2001

# 42

## A satisfação depende de onde se procura

Toda família enfrenta brigas e desafios. As pessoas que, apesar das dificuldades, se consideram mais felizes com a vida familiar escolheram se concentrar nos aspectos mais satisfatórios do relacionamento. Em qualquer momento do cotidiano, você se depara com coisas que vão irritá-lo ou que lhe dão grande prazer. Olhe em volta e veja tudo o que há de positivo na vida em comum. Isso certamente vai ajudá-lo a enfrentar os desafios.

☺ ☺ ☺

Lena é uma batalhadora. Três filhos pequenos, toda a tarefa doméstica e um trabalho de meio expediente para ajudar no orçamento familiar. O filho mais velho tem dificuldade de aprendizagem e a caçula sofre de uma asma que muitas vezes obriga a mãe a passar parte da noite com ela no colo. O marido é um homem bom e dedicado, mas de temperamento explosivo, o que gera freqüentes crises no casamento.

"Um dia, depois de uma dessas explosões, saí de casa e andei durante duas horas, procurando me acalmar", conta Lena. "Eu me sentia presa em uma armadilha, uma situação que eu não tinha escolhido conscientemente, mas da qual não conseguia escapar. Rezei, pedindo inspiração. E, de repente, veio à minha mente a lembrança de uma tia já falecida. Ela teve uma vida especialmente sofrida, mas encantava as pessoas com sua alegria e seu sorriso cativante. Um dia, quando eu era adolescente, a ouvi dizer para minha mãe: 'Deus me abençoou com um temperamento irremediavelmente otimista. Se o céu estiver todo coberto de nuvens escuras, mas houver um pequeno espaço azul, eu afasto as nuvens com o pensamento e deixo o sol brilhar.' Aquela afirmação me marcou profundamente, e, naquele momento de desalento, pedi à tia que me ajudasse a agir como ela."

Lena percebeu então que havia uma escolha a fazer, e tomou a decisão de ficar atenta às pequenas alegrias cotidianas para reabastecer-se e poder resolver melhor os momentos de crise. A mudança deu-se lentamente, mas produziu resultados notáveis que se refletiram em toda a família. Quando se sente tentada a desanimar, Lena pede ajuda à tia e recobra o ânimo. "Estou conquistando algo que sempre desejei: ser uma pessoa alegre e de bem com a vida."

☺ ☺ ☺

As pessoas felizes com a própria existência e com suas famílias passam duas vezes mais tempo pensando nas coisas boas da vida do que as insatisfeitas com suas vidas ou com a convivência em família.

Diener, Lucas, Oishi e Suh 2002

# 43

## Não se trata de um concurso de popularidade

Estar no comando da sua família não significa ser um campeão de popularidade. Optar pelo que você considera melhor para a família nem sempre agrada a todos. Às vezes pode ser algo inteiramente antipático. Mas sua função é, antes de tudo, decidir o que deverá trazer mais benefícios para a sua família.

☺ ☺ ☺

Ao impor limites para a filha, Michelle conheceu de perto o peso da impopularidade.

"Encontrar o equilíbrio não é fácil. À medida que nossos filhos vão crescendo, sabemos que é necessário deixar que tomem as próprias decisões, e até mesmo que errem, para aprender. É preciso dar liberdade, conversar, procurar orientar e, se for necessário, estabelecer limites claros, mesmo que eles não entendam naquele momento e fiquem com raiva de nós. O que queremos é que cresçam e sejam adultos felizes e livres para decidir o que é melhor para eles. Com alegria, constato que conseguimos, mas houve momentos difíceis."

Michelle reproduz uma conversa entre ela e a filha mais velha que poderia ter acontecido em qualquer lar e exemplifica bem o problema. A menina veio lhe pedir para ir ao cinema com as amigas, para assistir a um determinado filme. Michelle pensou um pouco e disse: "Não é para meninas da sua idade." A filha retrucou: "Mas todo mundo já viu." Michelle pensou um pouco e afirmou com segurança:

"Não, nem todo mundo viu o filme. Eu sei disso porque conversei com as mães das outras meninas, e muitas concordam comigo."

Mas a história não acabou aí. A filha não se conformou, e voltou a insistir repetidas vezes. "Recomeçaram as discussões, os pedidos, as caras fechadas, as portas batendo. O importante nessas horas é não perder a calma e tentar explicar da melhor forma possível que estamos procurando protegê-los de algo que vai lhes fazer mal. E agüentar firme, sem se deixar pressionar pela raiva e pela frustração deles. Para não ceder, eu pensava que estava de fato investindo na felicidade da minha filha."

☺ ☺ ☺

Ao olharem para trás, mais de oito entre dez filhos adultos consideram que uma proibição categórica dos pais quando eles ainda eram crianças foi uma decisão acertada.

SCHMUTTE 2002

---

# 44

## Alimente as tradições

Pode ter sido um ritual semanal ou um acontecimento freqüente apenas nas férias, mas todos nós temos lembrança de uma tradição preservada por nossos pais ou avós. São coisas que fazem parte da nossa identidade e ajudam a manter a família unida. Não devemos conservar tradições que perdem a razão de ser, nem descartar uma tradição sem antes refletir sobre sua importância.

☺ ☺ ☺

Quando os professores de teatro da universidade West Jefferson High School montaram com seus alunos o espetáculo *O violonista no telhado*, usaram o texto para refletir sobre a necessidade de cultivar tradições familiares. Elas tiveram uma importância crucial para o leiteiro judeu da peça. Mas, hoje em dia, que papel teriam? Como usar uma peça de teatro para mostrar o valor dos rituais?

Decidiram entrevistar funcionários da universidade e do corpo docente, assim como pessoas da comunidade, para saber qual a influência das tradições na vida deles. As entrevistas foram gravadas em vídeo e alguns trechos foram exibidos para o público antes de cada apresentação da peça.

As histórias, narradas por pessoas de todas as idades, eram sempre centradas na própria família. "Muita gente falou das tradições e dos hábitos que os mantinham unidos – festas familiares, férias na fazenda dos avós e outras ocasiões – e tudo o que acontecia nesses eventos", contou Kathy, uma das diretoras da peça. Um homem de 80 anos se lembrou das ceias que reuniam filhos e netos na casa de seus pais aos domingos, e fez a platéia rir com as histórias das discussões que surgiam no convívio. Hoje ele conclui que foram momentos privilegiados de lazer e aprendizado, e acrescenta: "Eram ocasiões tão importantes que, quando meus pais morreram, fizemos o possível para que a família não se desagregasse e não perdêssemos uma tradição tão preciosa."

☺ ☺ ☺

Rituais familiares consistentes estimulam o desenvolvimento social infantil e aumentam em 17% a sensação de ter uma família coesa.

EAKER E WALTERS 2002

# 45

## Estabeleça suas próprias condições

O tipo de trabalho que você escolheu pode ter a ver ou não com você. Independentemente de como administra o equilíbrio entre sua vida no lar e sua vida profissional, a satisfação no trabalho está relacionada à atividade que você desempenha. Por isso a escolha da carreira deve levar mais em conta as suas características e tendências do que as necessidades da sua família. Escolher um trabalho penoso porque ele se adequa às exigências familiares vai gerar sentimentos de frustração e desânimo que irão refletir em sua família.

☺ ☺ ☺

Há 25 anos, Eva trabalha como garçonete em restaurantes. "Sempre achei todo trabalho importante, mas foi este que escolhi. É o que eu faço e gosto muito de fazer."

Ela compara seu trabalho ao que é realizado em qualquer empresa. "Eu sou a funcionária que entra em contato com o cliente e lhe vende uma mercadoria." Por causa de seu desempenho, o dono do restaurante já quis promover Eva a gerente, mas ela não quis. "Eu não me vejo sentada em um escritório ou mandando na equipe. Gosto mesmo é do contato com as pessoas, de conhecê-las e atendê-las bem."

Em determinado momento da vida, Eva pensou em entrar para uma universidade, mas acabou concluindo que não queria deixar de ser garçonete.

"Foi meu primeiro emprego e tem a ver comigo. Depois, me casei, tive filhos, e a vida familiar passou a ser a minha prioridade absoluta. Nesse sentido, a flexibilidade do horário do meu emprego foi da maior importância. Além do mais, meu salário, somado ao do meu marido, supre as nossas necessidades, o que também é ótimo. Venho de uma família pobre, e por isso me dou conta de que o que tenho é quase um luxo. Minhas necessidades e meus desejos são simples, e minha maior alegria é trabalhar no que gosto e conviver com minha família."

Mas Eva tem consciência de que seu trabalho só serve para quem realmente gosta desse serviço. "É como qualquer emprego. Você tem que gostar, caso contrário, não ficará feliz."

☺ ☺ ☺

> O interesse que as pessoas têm pelo próprio trabalho, o domínio da função que exercem e o apoio que recebem do chefe são, juntos, fatores 19 vezes mais importantes para determinar a satisfação profissional do que a relação entre a situação familiar e a jornada de trabalho.
>
> GOULET E SINGH 2002

---

# 46

## Estimule, mas não imponha atividades

Como saber se nossos filhos estão fazendo atividades extracurriculares em excesso e vivendo estressados por causa delas? Talvez respondendo à seguinte pergunta: eles são estimulados ou obrigados a fazê-las? Toda criança deve ser incentivada a freqüentar um clube, aprender línguas ou ter aulas de balé, judô, tênis e outros esportes. São atividades que favorecem a interação social fora da escola e desenvolvem novas capacidades. Mas é preciso estar muito atento para saber se elas correspondem de fato ao desejo e às características de seus filhos, e se eles as realizam com prazer, e não como uma obrigação. Dê às suas crianças oportunidade de expressar seu interesse e incentive-as, sem imposições.

☺ ☺ ☺

Um grupo de pais de Ridgewood, um povoado de Nova Jersey, tinha orgulho da rotina dos filhos. Eles se vangloriavam do desempenho de suas crianças em sala de aula, nas quadras esportivas e em outras atividades que iam da música e das artes plásticas ao xadrez. No entanto, muitos começaram a se perguntar se não estariam enchendo demais a agenda dos filhos. Com tantos afazeres, as crianças acabavam não tendo nenhum tempo livre, não aprendiam a se divertir sozinhas e conviviam pouco com a família.

Os líderes da comunidade e os professores das escolas se reuniram para discutir o problema. Chegaram à conclusão de que os moradores de Ridgewood precisavam de um momento na semana totalmente livre, sem qualquer dever de casa, sem atividades extracurriculares ou eventos sociais, para que a família pudesse ter uma noite de convívio: a Noite em Família, como foi chamada.

Marcia, uma das idealizadoras do projeto, percebeu a importância da decisão quando os moradores começaram a telefonar, aflitos, perguntando o que poderiam fazer na Noite em Família. "Eu respondia: 'Não planejem nada. Façam uma pausa na vida turbulenta que vocês levam e procurem simplesmente conviver.'"

Ela acrescenta: "Algumas pessoas acham que a melhor coisa que podem fazer pelos filhos é lotar suas agendas com atividades. Nossa comunidade deseja questionar isso e criar outras saídas, sempre buscando o melhor para nossas crianças e para todos nós."

☺ ☺ ☺

Crianças que participam com regularidade de atividades extracurriculares (incluindo clubes e esportes) de sua escolha têm probabilidade 24% maior de gostar de ir à escola.

GILMAN 2001

---

# 47

## Cuidar de alguém é uma questão afetiva

Quando nos dedicamos a tomar conta de alguém – seja uma criança ou um adulto que precise de cuidados – precisamos ser incentivados por nossa ligação afetiva com a pessoa. O sucesso da tarefa e a capacidade para conseguir mantê-la estão baseados no amor. Nada é tão constante e importante na vida.

☺ ☺ ☺

T'Keyah Crystal Keymah atuou em diversos seriados de tevê e levava uma vida nos padrões das estrelas bem-sucedidas: tinha um belo carro, uma casa grande e luxuosa e um trabalho estável.

Recentemente, porém, precisou se mudar para Chicago. Foi viver na casa onde cresceu para tomar conta da avó que sofria do mal de Alzheimer. A avó tinha criado T'Keyah e suas três irmãs, e investira tudo o que tinha na educação das netas.

T'Keyah chora todas as noites por causa do estado da avó.

Cuidar da velha senhora é uma experiência ao mesmo tempo horrível e fascinante. "É como se encontrar em um labirinto: sei que ela está lá, no meio dele, e preciso atendê-la. Agora já consigo entender o que ela deseja."

Na casa da avó há um quarto cheio de fotos e recortes de jornais sobre a carreira de T'Keyah. "Trabalhei e me esforcei muito para ser uma atriz. De alguma forma, queria deixar minha avó orgulhosa, mostrar como sua dedicação valera a pena, e obter sua aprovação. Agora ela nem me reconhece mais. Fico pensando no que isso tudo significa."

Mas o amor sustenta a sua vontade de se empenhar nos cuidados e no carinho com a avó. "Com amor, conseguimos enxergar sob outra ótica até os acontecimentos mais terríveis. Minha avó precisou lutar muito para nos criar, mas seu amor por nós a fazia seguir em frente. Hoje, é importante para mim poder mostrar o meu amor por ela."

☺ ☺ ☺

O relacionamento de afeto entre o paciente e a pessoa que cuida dele é três vezes mais importante para gerar sentimentos de bem-estar e satisfação do que outros fatores, como dinheiro e apoio externo.

BARONET 2003

# 48

## Você não pode ser o supervisor da família

Pessoas casadas que preservaram o amor mútuo numa relação de muitos anos às vezes contam que, no passado, seus parentes se opuseram ao casamento, avisando que nunca daria certo. Embora se esforçassem para não dar importância a esses conselhos, as reações negativas ao namoro e ao casamento fizeram essas pessoas se sentirem isoladas da família. É claro que todos queremos o melhor para os membros da nossa família, e desejamos ter a certeza de que escolheram um parceiro de valor. Mas a escolha não é nossa. A nossa reação negativa pode criar tensões na família, sem mudar o rumo do relacionamento.

☺ ☺ ☺

Craig é pai de três filhas adultas.

Ele sempre achou que, quando fossem morar sozinhas, suas responsabilidades de pai teriam terminado. Hoje, percebe como estava enganado. "Quando as meninas eram pequenas, os problemas eram joelhos ralados e muitas lágrimas. Agora, são bem mais complicados."

Afligir-se e sofrer com o que acontece com as filhas ainda faz parte da vida de Craig. E ele acha que será assim para sempre.

"Adoro ter filhas adultas inteligentes, com as quais posso falar horas a fio sobre o que acontece no mundo e nas nossas vidas. Mas não há só momentos de alegria. Quando elas atravessam experiências dolorosas, eu sofro muito. Mas tenho que deixá-las viver suas vidas, errar e encontrar a própria felicidade."

Um teste difícil que Craig enfrentou foi receber os namorados das filhas em casa. "Não aprovei nem um sequer, pelo menos não de cara", ele conta. Mas admite ter sido um péssimo juiz. "Não achava ninguém bom o bastante para as minhas filhas. E devo confessar que havia uma boa dose de ciúme. Mas eu me dava conta dos meus sentimentos e procurava administrá-los da melhor maneira possível. Acabei concluindo que o máximo que se pode fazer pelos filhos é estar sempre disponível, transmitir-lhes a nossa impressão e contar-lhes a nossa experiência. Mas isso tem que ser feito com o maior cuidado e respeito, para não parecer imposição ou julgamento definitivo."

☺ ☺ ☺

Independentemente das outras facetas de um relacionamento, as pessoas têm chance 25% maior de estarem satisfeitas com seus pares quando sentem que contam com o apoio familiar.

ASIDAO 2002

# 49

## Não importa quem fatura mais

As mulheres ganham um salário mais alto do que seus maridos em um em cada três lares americanos, segundo estatísticas trabalhistas do país. Mas a família não deve ser um negócio onde há competição para ver quem ganha mais. Qualquer iniciativa, seja do homem ou da mulher, para aumentar a renda familiar e beneficiar a todos é válida. Encarar os salários como medida de avaliação das pessoas é desviar a atenção do que realmente importa. Pense no que é primordial para você e para a sua família e verá que não há um centavo sequer envolvido nisso.

☺ ☺ ☺

Susan ganha muito mais como publicitária executiva do que seu marido, um sindicalista. No início dos anos 90, quando sua carreira começou a deslanchar e seu salário ultrapassou rapidamente o do marido, surgiram tensões domésticas. Mesmo contribuindo mais para a renda familiar, Susan continuava acumulando a maior parte do serviço doméstico.

"Foi uma fase muito difícil", ela conta. Mas, finalmente, eles conseguiram se acertar, e o marido passou a ajudar mais em casa.

Conversando com outras executivas na mesma situação, Susan percebeu que não era a única a ter esses problemas. "Esperava encontrar mulheres que, realmente, mandassem na casa. Achava que quem tivesse o dinheiro teria o poder. Mas as mulheres não precisam necessariamente assumir o comando, mesmo sendo as maiores provedoras."

Susan descobriu que muitas mulheres com salários mais altos utilizam o dinheiro para investir na qualidade da vida familiar. "A mulher que ganha mais tem capacidade para estabelecer uma verdadeira parceria", acredita.

Para Susan, qualquer homem que tenha confiança em si mesmo poderá ser feliz com uma mulher provedora. "Os homens precisam ter uma auto-imagem muito forte, e saber lidar com o sentimento quase instintivo de competição, sem medir o próprio valor pelo salário que recebem ou o cargo que exercem."

☺ ☺ ☺

Casais em que a mulher ganha mais não têm maior tendência a conflitos, não apresentam insatisfação nem se divorciam mais do que aqueles em que o homem é o principal provedor.

ROGERS E DEBOER 2001

---

# 50

## Nem toda conversa é igual

Você tem uma boa comunicação com a sua família? Não há uma forma precisa de medir para obter uma resposta. Mas uma maneira de verificar a qualidade da comunicação é procurar sentir o nível de bem-estar e liberdade do seu interlocutor durante as conversas. Quando os membros de uma família acham que podem falar uns com os outros aberta e honestamente, sem medo de reações negativas ou julgamentos precipitados, todo mundo se beneficia. Conversas francas nos fazem sentir melhor em relação à nossa família, e nos permitem compartilhar pensamentos e sentimentos verdadeiros.

☺ ☺ ☺

A volta de Esther era aguardada com ansiedade por seus pais, Maurice e Flora. Esther passara três meses na Austrália, num programa de intercâmbio. No aeroporto, uma surpresa: a filha apareceu com o cabelo pintado de roxo e um piercing no nariz. Maurice pensou que fosse desmaiar: "Achei que ela havia entrado para uma seita e fiquei apavorado." Flora conseguiu disfarçar a surpresa e a decepção. Abraçou a filha efusivamente e falou das saudades que tinha sentido. Mas não pronunciou uma palavra sequer sobre o novo visual de Esther. "Fiquei preocupada, pensando que aqueles três meses de separação talvez tivessem acabado com nossa intimidade. Era como se eu olhasse para uma estranha."

Meia hora depois, no caminho para casa, Flora resolveu perguntar sobre os cabelos roxos e o piercing. "Achei que, se demorasse muito para falar, estaria fechando uma porta. Era melhor tocar logo no assunto e quebrar o tabu. Fui bem honesta, disse que estava estranhando muito a mudança e que ela nunca tocara no assunto quando nos falávamos pelo telefone."

Esther também ficou à vontade para ser sincera. "Ela me respondeu que sempre quis experimentar um novo visual, e na Austrália sentiu-se mais independente para arriscar. Sabia que ficaríamos chocados, e por isso não falou nada pelo telefone, para não causar preocupação ou alimentar fantasias. Disse também que tinha certeza de que iríamos nos entender, porque a comunicação lá em casa sempre fora boa. Depois, virou-se para o pai e carinhosamente perguntou se ele não iria falar nada." A resposta de Maurice foi: "Quanto tempo a tinta roxa demora para sair?" Caíram todos na risada, e estava restabelecida a intimidade que sempre prezaram tanto.

☺ ☺ ☺

As pessoas que tiveram a oportunidade de se engajar em um relacionamento próximo e tranqüilo com seus parentes queridos têm probabilidade 18% maior de se considerarem satisfeitas com suas vidas.

SPRADLING 2001

---

# 51

## O que mandamos para fora retorna para nós

Muitas pessoas acham que poderiam receber mais apoio da família para cumprir alguma meta na vida, realizar algum plano ou até dar conta de tarefas mais simples, como fazer uma atividade física. Muitos têm a sensação de estar sempre lutando sozinhos, com a família totalmente desinteressada, desprezando o esforço feito. O que fazer para se sentir mais apoiado? Dê mais apoio aos outros. Sentimentos de solidariedade crescem exponencialmente quando você os compartilha – e os bons sentimentos voltam para você. Mas o contrário também acontece: os sentimentos negativos retornam, da mesma forma que os bons.

☺ ☺ ☺

Bobby Young era um campeão estudantil de corrida, e com isso ganhou uma bolsa de estudo para cursar a faculdade.

O prêmio não veio de graça: enquanto esteve na escola, Bobby correu todos os dias, seguindo rigorosamente os conselhos do treinador. "Ele sempre trabalhou muito", disse um dos seus técnicos. "Nunca faltava a um treino e ia até o fim de todos os exercícios, mesmo quando estava machucado. Tentava parecer um competidor durão, bem o oposto do que é, um sujeito amoroso e doce."

Bobby gosta dos elogios, mas acha que o mérito é todo de seu pai que nasceu numa Libéria dilacerada pela guerra civil, e conseguiu imigrar para os Estados Unidos levando Bobby, então com 16 anos, e sua irmã mais nova. "Sou muito grato a meu pai. Em meio a todas as dificuldades, ele nunca perdeu a coragem, e esforçou-se ao máximo para que tivéssemos a oportunidade de crescer e estudar. Nunca o vi perder a calma, e ele sempre encontrava disponibilidade para dedicar-se a quem necessitava de sua ajuda", conta o atleta.

"Sem o apoio dele, eu não teria conquistado nada. Empenhei-me sempre na pista de corridas e na faculdade para retribuir o que minha família fez por mim e pela minha irmã."

Como retribuição, hoje Bobby ajuda a irmã nos estudos e a incentiva a conquistar uma vaga na universidade.

☺ ☺ ☺

Pessoas que acham que poderiam dar mais apoio a seu cônjuge e a seus filhos têm chance 68% menor de se sentirem satisfeitas com o suporte que recebem da família.

PERREWE E CARLSON 2002

# 52

## Cada geração faz sua história

Pais de famílias numerosas muitas vezes esperam que os filhos lhes dêem muitos netos. Mas, normalmente, as gerações seguintes têm menos filhos do que seus pais. Além disso, a definição de família mudou muito nos últimos tempos. Não se sinta ofendido nem criticado pela maneira como criou seus filhos se eles construírem uma vida familiar diferente da sua. O que importa é que as pessoas que cresceram em famílias amorosas se sentem em geral com mais liberdade para tomar um caminho próprio em direção ao futuro.

☺ ☺ ☺

Um dia na família constituída por Karina e Teresa é exatamente igual ao de milhões de outras famílias. Os pais levam os filhos para a escola e depois vão trabalhar. Mais tarde, chega a hora dos deveres de casa, do jantar, a hora de contar uma história e de botar as crianças para dormir. O fim de semana é dedicado aos esportes, a atividades ligadas ao lazer e à convivência com a família.

Mas, como um casal de lésbicas, as duas enfrentaram uma longa e finalmente vitoriosa briga na Justiça para conseguirem adotar crianças e formar uma família. Depois, tiveram que enfrentar uma batalha ainda maior e mais longa para serem aceitas pelos próprios pais.

Karina cresceu numa família grande, mas a maioria dos seus irmãos e irmãs não teve filhos. "É inevitável que haja uma expectativa. Nossos pais ficam se perguntando quando casaremos e lhes daremos netos. Mas desde cedo tomei consciência de que deveria seguir meu próprio caminho. Não foi nada fácil para eles, e eu os compreendo." Com o tempo, os pais de Karina aceitaram a opção da filha, e amam os netos.

Por outro lado, Teresa é filha única e ficou paralisada ante a perspectiva de ter que enfrentar os pais. "Eu detestava a sensação de ser uma grande decepção para eles. Achei que não seriam capazes de agüentar." Teresa escondeu sua vida dos pais, que moravam numa cidade distante. Mas, como queria que seus filhos conhecessem os avós, decidiu abrir-se com eles. "Houve lágrimas e raiva durante um certo tempo. Mas, quando encontraram os netos e viram como eram crianças felizes, o medo e a dor começaram a diminuir."

☺ ☺ ☺

Pesquisadores concluíram que aqueles que cresceram em uma família positiva e amorosa tendem a ter mais satisfação na vida adulta, independentemente de sua opção sexual, de terem filhos ou não e de serem ou não casados.

ROBINSON-ROWE 2002

# 53

## Compartilhe as suas lutas

Seja qual for a dificuldade que você esteja tendo dentro da sua família, inúmeras outras pessoas estão passando pela mesma situação. É preciso que compartilhemos nossos problemas com outros – um amigo, um vizinho, um grupo de apoio ou pessoas com quem nos comunicamos pela internet. Quando dividimos nossas dificuldades, acabamos percebendo que não estamos isolados nem somos os únicos. Ao trocarmos experiências, expomos nossos sentimentos e conhecemos os dos outros, o que facilita a compreensão, a aceitação e a perseverança.

☺ ☺ ☺

Jane coordena um grupo de apoio para avós que, de uma hora para outra, têm que assumir seus netos. Eles são obrigados a adaptar suas vidas para receber as crianças, e geralmente não têm condições materiais – dinheiro sobrando ou quartos extras com móveis próprios para crianças – nem a rapidez mental e a energia necessárias para lidar com os pequenos.

"Temos que cuidar de crianças que geralmente estão vivendo um momento trágico, porque algo muito grave ou catastrófico aconteceu com os pais. São crianças traumatizadas e provavelmente cheias de feridas emocionais."

O grupo dirigido por Jane oferece dois tipos de apoio aos avós. O primeiro consiste em programas específicos para ajudar a lidar com as várias necessidades dos netos. O segundo ensina os avós a auxiliar as crianças em seus estudos, e oferece apoio emocional para que possam criar os netos. Há sempre uma psicóloga ou uma assistente social de plantão para atender os avós aflitos ou em busca de solução para problemas específicos.

Segundo Jane, o grupo ajuda aqueles que freqüentemente se sentem desesperados, divididos entre o amor que sentem pelos netos e o medo de não serem capazes de mantê-los como precisam. “Para alguns, esse grupo pode ser a salvação, porque nele encontram pessoas que já passaram pelas mesmas dificuldades e que ensinam a vencer os obstáculos.”

Uma avó que participa do grupo revelou para Jane, depois do primeiro encontro: “Saí dali sabendo, dentro do meu coração, que não estava mais sozinha.”

☺ ☺ ☺

Estudos com pais que enfrentam difíceis desafios com os filhos demonstram que 99% dizem que descobriram novas saídas e 94% se sentem melhor diante de um problema depois de conversarem sobre ele com alguém que já passou pela mesma situação.

BAUM 2002

# 54

## Cuidado com desastres no figurino

No dia-a-dia há questões importantes que exigem a nossa atenção e outras que parecem triviais e não merecem tanta consideração. Para muitos adultos, o figurino claramente faz parte da primeira categoria, enquanto para outros não tem grande importância. Para os jovens, porém, a roupa tem a função de fazê-los sentir-se pertencendo a um grupo. As roupas são uma forma de afirmação, e tanto podem levar um jovem a ser aceito quanto a ser discriminado, ou mesmo rejeitado. Devemos entender que para os jovens suas roupas não são apenas peças com que se vestem, mas um cartaz que carregam anunciando quem são e o que desejam ser.

☺ ☺ ☺

Leah não sabe bem o que pensar de sua colega de escola, cujo nome ainda não aprendeu a pronunciar direito. "Ela não fala como eu, não se veste como eu, não se parece em nada comigo", alega. "Mas eu gosto de brincar com ela no parque e, muitas vezes, nos sentamos juntas no ônibus."

A escola de Leah que fica na periferia de Atlanta, nos Estados Unidos, recebe alunos das mais diversas etnias, incluindo recém-imigrados para o país. Amizades interculturais são comuns. E o respeito a outras etnias é enfatizado desde muito cedo.

"As crianças notam as diferenças, é uma coisa automática", diz com conhecimento de causa a professora Frances Aboud. "E não há nada de errado nisso. Se antes mesmo dos seis meses de idade os pequenos já reagem a diferentes tipos de cor de pele e tons de roupas, como poderiam ignorar as diferenças quando são mais velhos?" Frances Aboud aconselha as escolas a enfrentarem e reconhecerem as diversidades, em vez de fazerem de conta que elas não existem. "Quando temos crianças com culturas tão distintas juntas desde tão cedo, há a possibilidade de notar as diferenças, aceitá-las e valorizá-las. Mas não nos concentramos só nas diferenças. Todas as crianças têm muito em comum, e isso também deve ser enfatizado. É importante que desde cedo as crianças aprendam que o essencial de um ser humano não está na aparência."

Foi pensando nisso que a escola onde Ana trabalha escolheu um dia para que as crianças de diferentes etnias façam uma "troca cultural" de roupas. Cada aluno é encarregado de vestir um colega de turma nessa ocasião. A partir daí, falam sobre suas histórias de vida e sobre o valor cultural que cada vestimenta carrega. As escolhas variam desde roupas vindas de países muito distantes até camisetas de beisebol, mas todos vestem o "uniforme" do outro. A melhor parte dessa experiência é que, pelo menos por um dia, as crianças podem celebrar as diferenças através do traje, sabendo o tempo todo que a pessoa dentro dele continua essencialmente igual a todos os outros seres humanos.

☺ ☺ ☺

Estudos com mulheres jovens descobriram que para oito entre dez delas a escolha da roupa está relacionada à estratégia para evitar riscos. Elas tentam, pela aparência, minimizar a probabilidade de chamar atenção de forma negativa.

COSBEY 2001

# 55

## A competição gera perdas

Reúna um grupo de pessoas numa sala de aula, numa empresa, numa quadra esportiva ou mesmo em torno de uma mesa de jantar. Você pode ter certeza de que dali sairá algum tipo de competição. A concorrência é automática; ela reflete nosso processo de evolução. O fundamental é a maneira como lidamos com a competição. Se permitirmos que ela passe dos limites dentro da família, os laços familiares serão desgastados, substituindo-se o amor por um sistema de disputa para ver quem é o melhor e ganha mais. É inevitável que os membros da sua família estabeleçam algum tipo de competição entre si, abertamente ou de forma velada, sobre questões importantes ou triviais. Mas saiba que as disputas não devem predominar em uma família. Elas são apenas desvios daquilo que é realmente importante.

☺ ☺ ☺

Sheila nunca desejou uma irmã. Estava habituada a ser filha única e o centro das atenções familiares. Quando Nicole nasceu, Sheila nunca a chamou pelo nome: apelidou-a de Gugu.

Com o decorrer dos anos, as duas passaram a competir por qualquer coisa. No colégio, uma tentava tirar notas melhores do que a outra. Nos esportes, elas se preocupavam em ver quem ganhava mais medalhas. Até nas relações de amizade davam um jeito de concorrer, contabilizando o número de amigos e disputando colega a colega, uma irmã procurando atrair para si o amigo da "rival".

A competição entre as duas ficou ainda pior quando, já adolescentes, passaram praticamente a duelar pelo mesmo garoto. Sheila estava saindo com ele havia algumas semanas, quando Nicole começou a se insinuar. O rapaz então trocou a mais velha pela caçula e Sheila rompeu relações com a irmã.

Por fim, a mãe das duas não agüentou mais aquela tensão existente desde o nascimento de Nicole e resolveu intervir. "Será que vocês não percebem? Essa competição não faz nenhuma de vocês feliz, e não vai levar a nada. Vocês se sentiriam muito melhor e seriam bem mais felizes se ajudassem uma à outra e se apoiassem."

Não foi um processo rápido, e a mãe precisou intervir várias vezes. Aos poucos, as irmãs foram se aproximando, sobretudo quando concluíram que o rapaz disputado não tinha bom caráter. Depois de muitas idas e vindas, finalmente Sheila e Nicole compreenderam. "A nossa ligação pode ser usada contra ou a favor da gente. Conseguimos entender que existia entre nós uma base real de amor, mas todo o sentimento estava escondido debaixo do nosso comportamento competitivo", conta Sheila. "Quando começamos a pensar sobre o assunto, verificamos o ganho enorme que havia em contarmos uma com a outra."

☺ ☺ ☺

Pessoas que carregam um forte sentimento de competição com os irmãos durante a infância e a adolescência têm chance 11% menor de considerá-los próximos quando adultos.

ROTHMAN 2002

# 56

## Faça uma coisa de cada vez

Você é especialista em se preocupar? Tem sempre medo de que as coisas acabem dando errado? E quando isso acontece, fica se culpando, mesmo que não possa fazer mais nada? A maioria das pessoas age assim, apesar de saber que isso não lhes acrescenta nada. Na verdade, concentrar-se nas preocupações pode aumentar o número de coisas que dão errado.

☺ ☺ ☺

Desde muito cedo, Márcia tinha medo de enfrentar desafios. Foi assim quando entrou para a escola, no início da alfabetização, diante de qualquer situação nova. Ela achava que não ia conseguir e se preocupava por antecipação.

Duas pessoas tiveram um papel importante na mudança que gradativamente se operou em Márcia: sua mãe e um professor da universidade em que ela se formou em administração.

Atenta para a dificuldade que a filha manifestava diante de qualquer situação nova, a mãe a apoiou com firmeza e delicadeza. Repetia que ela já tinha enfrentado com a maior naturalidade os desafios mais difíceis: o próprio nascimento, aprender a andar e a falar. E aconselhava: "Dê um passo de cada vez, quantos e do tamanho que puder. A cada passo, se respeitar suas possibilidades, verá que o medo está nas fantasias que você cria, mas estas não correspondem à realidade." O fato de sentir-se livre para expressar seus temores, e ter certeza do apoio da mãe, ajudou Márcia a superar os obstáculos e crescer.

O professor percebeu desde logo quanto aquela aluna tímida era inteligente e capaz. Conversando com ela, soube que Márcia sonhava em montar uma confecção, mas assustava-se com o que lhe parecia uma empreitada excessivamente ambiciosa. Mais uma vez o passo a passo funcionou. Ele ajudou-a a planejar as primeiras providências para ter seu negócio e orientou-a nas etapas de execução. À medida que o sonho se concretizava, Márcia foi adquirindo confiança em si mesma, e os medos se dissolveram.

Hoje ela é uma empresária bem-sucedida, que dirige uma fábrica com 100 funcionários. "Sou extremamente grata à minha mãe e ao meu professor, e procuro reproduzir o procedimento deles com os empregados em que noto um potencial que só requer algum estímulo para desabrochar."

☺ ☺ ☺

Pessoas que levam para o trabalho suas preocupações familiares ou levam problemas no emprego para casa têm possibilidade 32% menor de estar satisfeitas com suas vidas, e correm um risco 44% maior de perder o controle, se comparadas àquelas que conseguem separar as preocupações da vida pessoal das profissionais.

SUMER E KNIGHT 2001

# 57

## Cada um vê as coisas a seu modo

Muitos pensam que tudo seria mais fácil se "a minha esposa, os meus pais ou os meus filhos percebessem como tenho sempre razão". Eles não se dão conta de que as discordâncias não são geradas por culpa das pessoas; são uma realidade inevitável na vida de todos nós. Cada um tem perspectivas diferentes, e opiniões e pontos de vista divergentes sempre irão existir. Reaja às afirmações ou ações dos que o cercam sem raiva ou frustração, respeitando os pontos de vista do outro, para também ter os seus respeitados.

☺ ☺ ☺

"Você procura se colocar no lugar dos outros para entender o que eles sentem?", pergunta sempre aos seus pacientes a psicóloga Gwen Alberts. "Percebemos os fatos de acordo com a nossa própria história, nossas necessidades e preferências. Achamos que estamos vendo a realidade objetivamente, mas o que enxergamos é a nossa versão da realidade."

São essas diferentes versões que geram as discordâncias em uma família. "As pessoas esquecem que cada um está defendendo seus pontos de vista – o modo como vê a realidade – e partem para a discussão, muitas vezes de maneira veemente e até agressiva. Nessas ocasiões, os ressentimentos afloram, porque achamos que quem tem uma opinião diferente da nossa está de certa forma nos criticando ou nos rejeitando", explica a psicóloga.

Gwen Alberts trabalha com casais e famílias, procurando fazê-los conscientes dessas diferenças e mais capazes de administrá-las com respeito e serenidade.

Para ela, um bom exemplo são as brigas diárias por causa das tarefas domésticas. A mulher quer que o marido arrume as próprias coisas da forma e no ritmo que ela deseja, e se irrita se ele faz diferente. O marido, por sua vez, pode ter um ritmo mais lento, e detesta que a mulher interfira mexendo em suas roupas ou em seus papéis. Cria-se um clima de hostilidade e, a partir daí, o conflito está deflagrado. "Se cada um não aceitar as diferenças para negociar um procedimento que atenda os dois lados em qualquer questão envolvida na convivência, esta vai se tornando impossível. Nesses momentos, marido e mulher têm que relembrar o amor que os levou a unir-se para construir um projeto comum, e usá-lo para resolver os conflitos com respeito, consideração pelas características do outro e desejo de crescimento mútuo. Em suma, para viverem felizes juntos."

☺ ☺ ☺

As diferenças não dizem respeito apenas aos pontos de vista sobre o que acontece no mundo, mas à forma como cada um vê a própria família. Quando se pede que descrevam a união e a proximidade existentes em suas famílias, 40% dos maridos e mulheres e 52% dos pais e filhos dão respostas diferentes.

SHI 2003

# 58

## O rigor pode durar a vida toda

Os pais precisam impor padrões de comportamento aos filhos, para protegê-los e para lhes transmitir valores. No entanto, esses limites não devem ser mais rígidos do que o necessário. Limitar excessivamente a liberdade das crianças deixa marcas para sempre. Terão para o resto da vida a sensação de estar sendo controladas, verão poucas opções à sua frente e não pensarão por conta própria. Crianças devem ter espaço suficiente para cometer erros e aprender com eles. Só assim poderão perceber que qualquer decisão na vida depende de uma escolha pessoal.

☺ ☺ ☺

Alex cresceu numa casa dominada por uma disciplina militar. O pai passava o dia no quartel, e à noite agia como o verdadeiro general da família. "Não se podia fazer nada sem a aprovação dele, nos padrões de qualidade estabelecidos por ele. Rigidez é pouco para definir o que era a vida na minha casa. Foi uma infância bastante difícil", conta ele.

Alex não pode deixar de admitir que havia um aspecto positivo na forma como o pai educava os filhos, transmitindo-lhes um senso de disciplina que os ajudou a ir para a frente na vida. "Mas o custo foi alto, pois precisei fazer muito esforço para confiar em mim mesmo e na minha capacidade de escolher o melhor para mim. Era como se eu tivesse internalizado a figura do meu pai e precisasse sempre consultá-lo antes de agir, temendo ser punido se fizesse de modo diferente."

O preço mais alto da educação que recebeu foi o fato de tê-la reproduzido com os próprios filhos. O método rígido que adotou gerou um filho adolescente rebelde e uma filha sem grandes pretensões profissionais. "Cada vez que meu filho fazia alguma coisa errada eu aumentava o castigo, e isso fazia com que ele se distanciasse de mim e adotasse certos comportamentos para me agredir. Minha filha se formou em engenharia por imposição minha, e está trabalhando nessa área, mas quer voltar para a faculdade e escolher uma profissão que a deixe mais feliz."

Hoje, depois de tomar consciência dos prejuízos que causou nos filhos, Alex procura recuperar a proximidade com eles e ser um pai mais amoroso. "Sei que é um investimento a longo prazo, e não tenho certeza dos resultados. Pedi desculpas a meus filhos e tento reconquistá-los com minhas ações."

☺ ☺ ☺

Estudos que acompanharam o crescimento dos filhos durante 30 anos concluíram que aqueles que cresceram num ambiente familiar mais rígido têm probabilidade 28% maior de se sentirem tolhidos em suas escolhas como adultos.

KASSER, KOESTNER E LEKES 2002

# 59

## Os parentes do cônjuge não são inimigos

Se conviver com sogras fosse fácil, não haveria tantas piadas sobre elas. Claro que é difícil lidar com alguém que, além de defender com forte convicção seus pontos de vista, se sente de certa forma dona do filho ou da filha (ou seja, do seu marido ou da sua mulher). Mas é importante se dar bem com sogros, sogras, cunhados e cunhadas, porque isso ajuda a manter a união na família e a entender a própria mulher ou o próprio marido.

☺ ☺ ☺

Cindy e sua sogra, Gail, sempre discordaram. "Simplesmente parecia que não estávamos de acordo em coisa nenhuma, quer fosse algo importante ou não. Até para falar de assuntos agradáveis, como as férias, nossas opiniões batiam de frente."

O jeito que Cindy encontrou foi manter-se o mais longe possível da sogra, achando que não havia saída para aquele relacionamento.

De repente, os horários de trabalho de Cindy e do marido foram alterados e os dois ficaram sem saber com quem deixar os filhos. Tentaram as mais diversas maneiras de solucionar o caso, mas a vida de todos virou um verdadeiro inferno, e a tensão foi se acumulando na família. Marido e mulher mal se viam e, quando se encontravam, estavam sempre exaustos.

Bill sugeriu, então, que sua mãe tomasse conta dos netos uma vez por semana, para que ele e a mulher conseguissem passar algum tempo juntos. Para surpresa de Cindy, Gail aceitou com a maior boa vontade.

Seis meses mais tarde, Cindy declarou que sua tarde semanal com o marido tinha sido fundamental para manter a harmonia conjugal, e que devia isso à sogra. "Passei a não dar tanta importância às diferenças de opinião, sobretudo porque constatei que minha sogra é uma pessoa generosa e cuidou muito bem de meus filhos. Aos poucos nos aproximamos e hoje temos um diálogo cordial, o que foi benéfico para toda a família."

☺ ☺ ☺

A probabilidade de haver satisfação no casamento é 13% maior quando existe um relacionamento amistoso entre sogros, genros e noras.

Timmer e Veroff 2000

# 60

## Divida as tarefas domésticas

Algumas pessoas acham tão difícil conseguir alguém para ajudar nas tarefas domésticas que preferem dar conta delas sozinhas. Outras têm medo de se mostrar capazes de fazer todo o trabalho e acabar sendo exploradas pela família. Mas o que importa é ter consciência de que compartilhar os afazeres domésticos é uma forma de manifestar seu respeito por todas as pessoas da família. Quem assume a maior parte do trabalho doméstico não apenas fica sobrecarregado como se sente desvalorizado pela própria família. Divida as tarefas domésticas com todos os que moram em sua casa, pois isso é uma maneira de partilhar com eles o compromisso com o bem-estar geral.

☺ ☺ ☺

Darlene e John trabalham em tempo integral. Durante os dois anos em que moraram juntos, dividiam todas as tarefas domésticas. Depois que se casaram, houve uma mudança: "Não sei o que aconteceu comigo, mas achei que, como esposa, eu devia cozinhar, limpar a casa e lavar os pratos", conta Darlene. "No fundo, eu estava reproduzindo o modelo de casamento dos meus pais, pois, mesmo trabalhando fora, minha mãe assumia todas as tarefas."

Darlene percebeu que estava obedecendo a um padrão estabelecido sobre o que é ser uma boa esposa. "Inevitavelmente, John se acomodou. No começo, até elogiava meu esforço, mas, depois de algum tempo, parecia absolutamente natural que eu ficasse na cozinha enquanto ele via televisão."

Aos poucos, porém, Darlene foi sentindo uma ponta de raiva quando via a louça suja empilhada. Ao constatar isso, ela se deu conta de que tinha duas alternativas: manifestar sua irritação ou conversar com John e pedir ajuda.

Optou por conversar e abriu seu coração, dizendo ao marido que estava se sentindo não só sobrecarregada como também desvalorizada. Ao ouvi-la, ele tomou consciência de sua omissão e decidiu que iriam dividir as tarefas domésticas e ainda contratariam alguém para ajudá-los.

☺ ☺ ☺

A percepção de que o trabalho doméstico é compartilhado de uma forma justa aumenta em 21% a sensação de satisfação pessoal e em 32% o prazer com a vida familiar.

HOELTER 2002

# 61

## Anote seus pensamentos

Mesmo que os membros de sua família sejam muito unidos, é necessário haver um espaço para cada um ficar só. Esse espaço pode ser conquistado se você dedicar algum tempo a anotar suas reflexões sobre a vida, o mundo ou qualquer coisa que lhe venha à cabeça. Isso vai lhe proporcionar condições para pensar e entrar em contato com você mesmo.

☺ ☺ ☺

"Costumava-se chamar isso de agenda ou diário", diz a professora Pat Simmons, que estuda os efeitos das anotações pessoais.

Ela prossegue: "Não faz a menor diferença se você usa caneta e papel ou se digita no computador. O ato de escrever – sobre seu dia, sua vida, seus pensamentos e seus sentimentos – traz bons resultados. As pessoas obtêm mais clareza para tomar decisões. Elas se sentem menos vulneráveis, com menos medo de ser direcionadas à revelia, com mais capacidade de tomar posse da própria vida."

Pat Simmons afirma que o blog é a versão moderna de um cronista na web: as observações pessoais do blogueiro ficam à disposição de qualquer visitante, gerando respostas de outros. "Você decide se quer partilhar essas idéias e se quer receber respostas dos leitores. Se são opiniões ou experiências muito particulares, é melhor mantê-las privativas. Mas se precisa de um espaço para dividi-las com outros, faça um blog."

A professora conta que muitos de seus alunos criaram quase

que uma versão computadorizada de suas vidas, com histórias, fotos, e todo tipo de informação. A própria Pat Simmons escreve diariamente. "Eu não posso imaginar um dia sem ter espaço para o meu diário. Ficaria faltando algo importante."

☺ ☺ ☺

Pais que escrevem um diário com regularidade têm chance 12% maior de estarem satisfeitos com suas vidas em família, e probabilidade 26% maior de sentirem que seus pontos de vista são importantes para os parentes.

BRADY E SKY 2003

---

# 62

## Animais fazem parte da família

Os animais domésticos podem ser um fator de união na família. Eles oferecem não apenas amor, aceitação e confiança, como exigem que nos responsabilizemos para lhes garantir casa e comida. Quando a família está atravessando uma crise, um bichinho de estimação, muitas vezes, facilita o contato. Ele desperta nas pessoas sentimentos de afeto e cuidado que podem ser transpostos para a relação familiar.

☺ ☺ ☺

O psicólogo Michael Nuccitelli trata de pacientes que sofrem de dependência química e comportamentos compulsivos. Ele teve a oportunidade de comprovar por duas vezes, na sua própria vida e na vida de pacientes, o incrível poder dos animais.

Para ele, a importância dos bichos de estimação para muitas famílias e o crescimento do afeto por eles são sinais de que a sociedade está se tornando mais capaz de sentir compaixão.

O benefício social trazido pelos animais é um assunto freqüente nos pronunciamentos de Nuccitelli. "Há hábitos humanos que corroem relacionamentos e destroem a auto-estima. Por isso os animais irracionais têm tanta importância. Eles não julgam, não precisam desvalorizar ninguém para se enaltecer, nem se comprazem com a dor dos outros. Oferecem apenas afeto e pedem carinho em troca. Os animais têm a capacidade de nos ver de uma forma especial, e isso traz à tona o que temos de melhor."

Michael Nuccitelli lembra-se disso todos os dias. Sua família convive com uma enorme cadela dinamarquesa. "Ela é fundamental para a nossa felicidade."

☺ ☺ ☺

Pessoas que acham que a família está passando por um momento difícil têm capacidade 22% maior de enfrentar a situação se tiverem um animal doméstico.

BUSSOLARI 2002

# 63

## As rotinas dão conforto

Por mais repetitivas que sejam, as rotinas – hora certa para jantar, tarefas domésticas a cumprir, agenda de atividades – dão às pessoas da família uma sensação confortável de segurança. Isso as ajuda a assumir as próprias responsabilidades e torna mais fácil confiar uns nos outros. Pode parecer algo sem importância, mas em uma casa onde há uma rotina estabelecida mora uma família que funciona.

☺ ☺ ☺

Para Molly, o verão é a época perfeita para tirar férias, ocasião em que pais e filhos convivem com tranqüilidade, observando e usufruindo as belezas da natureza e descansando do estresse acumulado durante o ano. "É o meu período favorito do ano", ela afirma com alegria.

Molly mantém uma rotina prazerosa para toda a família. Como cada um sai de manhã num horário diferente, o jantar é o momento de reunião da família. "Coloco uma toalha bonita na mesa e procuro caprichar na comida. Fazemos uma oração agradecendo pelo dia que passou e pelo amor que nos une. Depois falamos sobre o que ocorreu de importante na vida de cada um e sobre os acontecimentos noticiados pelos telejornais. A tevê fica desligada durante o jantar, pois é nosso momento sagrado de encontro, e todos o usufruem."

As férias também fazem parte da rotina da família. "Todos os anos, dois meses antes das férias, começamos a planejar o que vamos fazer. Examinamos os folhetos recebidos das agências e a decisão é tomada a partir das sugestões de todos. Uma vez escolhido o local, cada um se encarrega de um aspecto, inclusive as crianças. Passamos sempre uma semana na cidade, nos divertindo com programas que não podemos fazer durante o período escolar."

Seu filho de 6 anos ajuda no planejamento desses programas, porque adora criar listas. "Ele estuda minuciosamente os eventos que estão em cartaz na cidade – filmes, peças de teatro, passeios especiais no zoológico, novas exposições no museu de ciências, concertos e shows. Há sempre muitas opções. As férias são aguardadas por toda a família com muita ansiedade, e tenho certeza de que ficarão em nossa lembrança como momentos de grande alegria."

☺ ☺ ☺

Aqueles que seguem uma rotina familiar têm chance 6% maior de estarem satisfeitos com a vida diária em família.

FIESE, TOMCHO, DOUGLAS, JOSEPHS, POLTROCK E BAKER 2002

---

# 64

## Controle a raiva

Conflitos não são raros, e podem ser saudáveis. Pontos de vista diferentes e discordâncias sempre surgem quando se é honesto e aberto com o outro. Mas há pessoas que perdem inteiramente o controle quando discutem. Gritar, berrar e bater portas são atitudes absolutamente inúteis que têm o propósito de intimidar. Podem transformar uma simples diferença de ponto de vista numa verdadeira batalha. Procure nunca perder o controle numa discussão – e quando estiver com muita raiva, a ponto de não conseguir pensar direito, saia, vá dar uma volta, respire fundo várias vezes e só volte depois de retomar o controle.

☺ ☺ ☺

"Eu não agüentava ouvir meus pais dizerem que eu precisava encontrar o meu caminho. Eles insistiam nisso em uma época em que eu não tinha a menor idéia do que escolher na vida profissional. Em vez de me ajudar, conversando, me apoiando, procurando ter paciência comigo, eles me pressionavam e chegavam a me acusar de preguiçoso e acomodado, como se isso adiantasse alguma coisa. Eu me sentia insultado."

As recordações de Adam sobre o período em que "precisava encontrar o seu caminho" não são boas. Por achar que sua realização não se daria através de um curso universitário, abandonou a faculdade, jogando um balde de água fria nas expectativas familiares. Normalmente, nas discussões com os pais, ele trincava os dentes e reclamava, mas uma vez ficou furioso e atirou longe um livro. O livro voou até a janela e despedaçou o vidro, diante do olhar estarrecido de todos. Por sorte, ninguém se feriu. Adam se desculpou e pagou o vidro novo.

Não houve mais discurso sobre o "caminho a ser encontrado", assim como qualquer diálogo com a família. "Eu sentia que meus pais olhavam para mim com medo de que eu fosse quebrar outra janela."

A comunicação naquela casa praticamente terminou. O silêncio instaurado perturbava Adam. Sem coragem para começar uma conversa, ele preferiu escrever uma carta aos pais. Nela, explicou como era ruim sentir-se como um fracassado, e que sua intenção nunca fora desapontar ninguém. Mais uma vez se desculpou pela janela quebrada e pediu que o ajudassem, apoiando-o, incentivando-o, acreditando nele.

Os pais escreveram de volta também se desculpando, afirmando que nunca quiseram fazê-lo sofrer e que estavam dispostos a ajudá-lo. Terminavam dizendo: "Amamos você, conte conosco."

☺ ☺ ☺

Estudos mostram que pelo menos quatro entre dez famílias experimentam alguma perda total de controle ou assumem um comportamento intimidativo, como berrar e atirar objetos longe, durante um confronto entre familiares. Pessoas que reagem impulsivamente têm chance 58% maior de provocar conflitos, e diminuem em 47% qualquer sentimento de coesão familiar.

KATZ E WOODIN 2002

# 65

## Doenças podem fazer muitas vítimas

Quando uma doença grave atinge um familiar, as atenções são direcionadas para quem está sofrendo. Isso é natural, mas, infelizmente, muitas vezes as necessidades da família como um todo são deixadas de lado. É importante lembrar que quando alguém tem problemas graves de saúde e precisa de muitos cuidados, os familiares também vão necessitar de suporte especial para enfrentar os medos e tensões gerados por essa situação.

☺ ☺ ☺

Aos 40 anos, Al foi acometido de um grave problema de saúde que teve origem em sua infância. Ao brincar em volta de uma fábrica abandonada, fibras microscópicas de amianto se fixaram nas paredes de seus pulmões. Isso só foi descoberto muitos anos depois, quando as toxinas já haviam causado danos irreparáveis.

Vítimas do amianto podem sofrer diversos tipos de doenças pulmonares, inclusive câncer. "É como se houvesse uma bomba-relógio dentro de você", diz Al. Quando a dele explodiu, não havia mais nada a fazer, e os médicos só podiam tentar aliviar os sintomas.

Primeiro, providenciaram oxigênio, depois se concentraram em diminuir a dor. "É uma situação desgraçada, terrível", conta Al. "Respirar tornou-se doloroso. Minha mulher e meus filhos não agüentam me ver passando por isso. E eu também não tolero as pessoas à minha volta sofrendo assim. Vejo que a vida da minha família ficou toda alterada. Eu suportaria melhor se não tivesse a sensação de estar atrapalhando, de ter causado tamanho transtorno."

Al ficou melhor depois que um amigo lhe prometeu atender um pedido. "Disse a ele que me sentiria mais confortado se tivesse certeza de que alguém estaria dando apoio aos meus filhos e à minha mulher, pois o sofrimento e o desamparo deles aumentavam a minha dor. Meu amigo é uma pessoa muito generosa e me garantiu que faria isso."

☺ ☺ ☺

Sessenta por cento das pessoas que já sofreram uma doença séria contam que, no final do período de recuperação, a harmonia conjugal sofreu um desgaste, a comunicação ficou prejudicada e a postura diante da família mudou. É quase inevitável continuar falando sobre a doença, o que parece prolongar seus efeitos emocionais.

VAN DER POEL E GREEFF 2003

---

# 66

## Nem todas as peças se encaixam

Ter um excelente relacionamento com a maior parte dos seus familiares não significa que você se dá bem com todos eles. Da mesma forma, uma relação tensa com algum deles também não invalida o bom entendimento com os demais. Apesar de a família ser um conjunto, seu sucesso em lidar com ela está diretamente ligado à sua capacidade de se relacionar com cada um de seus integrantes separadamente.

☺ ☺ ☺

O almoço de domingo na casa de Randy e Linda era uma tradição feliz que durante muitos anos reuniu filhos e netos do casal. As crianças brincavam no gramado enquanto os adultos conversavam sobre os mais variados assuntos. De vez em quando, pontos de vista divergentes provocavam discussões exaltadas, sem maiores conseqüências. Mas havia uma hostilidade disfarçada entre Gary, um dos filhos do casal, e Carla, uma neta. O clima de conflito entre os dois foi crescendo até chegar a um bate-boca em que um agrediu o outro com acusações extremamente ofensivas. A família tentou intervir, mas não conseguiu, tão intensa era a raiva que se manifestava.

A briga provocou uma mudança na dinâmica da família. Os pais de Carla e seus outros filhos deixaram de comparecer aos almoços, e mal falavam com Gary quando o encontro era inevitável. Por mais que Randy e Linda tentassem promover uma reconciliação, o esforço foi inútil. Hoje, os almoços prosseguem com uma freqüência diminuída, mas o tempo se encarregou de amenizar a aspereza do conflito. É Linda quem diz, com a sabedoria de seus 90 anos: "Viver e conviver são artes complicadas, e às vezes certas pessoas provocam em nós reações que podem ser incontroláveis. Não tomamos partido de nenhum lado, pois não nos cabe julgar. Mantemos o mesmo amor por Gary e por Carla, mas respeitamos seus sentimentos. O que queremos é que cada um tenha certeza de que nossa casa e nosso coração estarão sempre abertos para acolhê-los."

☺ ☺ ☺

Um estudo com pessoas que passaram por um alto grau de conflito com alguém da família revelou que 38% delas se sentem menos próximas de outros parentes não envolvidos no problema.

SONNENKLAR 2002

# 67

## Use a comida positivamente

Desde que o mundo é mundo, as famílias se reúnem em torno da mesa de refeição. Para algumas, a comida representa uma grande alegria, algo que agrega as pessoas e satisfaz provedores e comensais. Infelizmente, corre-se o risco de desenvolver hábitos alimentares perigosos quando a comida deixa de ser usada como fonte de energia para o corpo e se transforma num acontecimento social. As pessoas comem mesmo quando não têm fome, para satisfazer quem as recebe. E geralmente se oferecem comidas pouco saudáveis, só porque são gostosas. Nesse processo, maus hábitos alimentares vão sendo criados. Use o alimento como um investimento na sua saúde e você garantirá uma boa qualidade de vida.

☺ ☺ ☺

"Desde muito cedo, tive problemas com comida", conta Sherry. Quando seus pais se divorciaram, ela estava com nove anos e foi morar temporariamente na casa de uma tia. Lá, Sherry se entupiu de doces para compensar sua ansiedade e tentar esquecer os problemas familiares.

"Eu já não cabia nas minhas roupas. A partir daí, não consegui mais me livrar dos quilos extras, e passei a carregar esse fardo comigo, sempre preocupada com meu peso."

O problema persistiu por mais de três décadas. "Minha família inteira usava a comida como fuga na minha infância. E eu mantive o hábito depois de adulta."

A mudança se deu quando Sherry percebeu que estava influenciando negativamente os hábitos alimentares da filha. "Aquele foi um momento crucial para mim. Só mesmo o amor pela minha filha me deu força para fazer uma dieta rigorosa e mudar meus hábitos alimentares. Agora a geladeira de nossa casa está cheia de comidas saudáveis, e as guloseimas foram abolidas da despensa. O investimento na saúde e no bem-estar da minha família foi de fato um gesto de amor."

☺ ☺ ☺

Filhos de pais com hábitos alimentares pouco saudáveis correm um risco 91% maior de desenvolver hábitos prejudiciais, comparados com crianças cujos pais prezam uma boa alimentação.

HAIN 2002

---

# 68

## A falta de confiança amplia os problemas familiares

Quem tem confiança em si mesmo vê os conflitos familiares como problemas temporários, não como conseqüência de uma falha pessoal. A insegurança nos faz acreditar que somos responsáveis pelos conflitos em família, e que eles se perpetuarão. Reconhecer suas próprias qualidades vai ajudá-lo a ver o lado positivo da sua família mesmo nos momentos mais tensos, e reforçará seus sentimentos positivos em relação a você mesmo e aos seus familiares.

☺ ☺ ☺

"A única forma de realmente pensarmos nos outros é acreditarmos primeiro em nós mesmos", afirma o psicólogo Martin Breck. "As pessoas inseguras têm a necessidade de se exibir e de se intrometer na conversa dos outros. As que confiam em si mesmas possuem tranqüilidade suficiente para ouvir as demais e acolher suas idéias e seus problemas."

O psicólogo dá como exemplo o que aconteceu quando Tom, seu filho, voltou de uma viagem de três semanas à Europa. "Nós nos reunimos para ouvir suas histórias, porque ele é uma pessoa interessante e certamente nos encantaria com suas experiências. Mas um cunhado nosso que participou da reunião estragou tudo. Ele é extremamente exibicionista, dessas pessoas que tomam conta da conversa e não deixam os outros falarem. Em vez de se interessar pelo que Tom tinha a contar, pôs-se a relatar interminavelmente as viagens que tinha feito cinco anos antes. Era como se estivesse competindo com Tom e não agüentasse que ele fosse o foco das atenções."

Martin conta que o grupo foi se esvaziando e a reunião corria o risco de terminar. Quando o cunhado finalmente foi embora, Tom pôde falar de suas experiências. "O que me deixou encantado com meu filho", acrescenta Martin, "foi que ele também se interessou em saber o que tinha acontecido durante sua ausência, e reagiu animadamente às histórias que contamos". Martin conclui: "Quando você se sente seguro, consegue demonstrar alegria com o sucesso do outro. Como sabe que sua vez vai chegar, não se sente frustrado por ter saído do palco."

A situação de insegurança pode se manifestar num dia qualquer da rotina de uma família: "Seu filho chega da escola e começa a contar uma historinha trivial que para ele é importante. Se você for inseguro, sua tendência será interromper e atropelar o relato da criança. Esse tipo de competição boba dá ao seu ego frágil uma vitória mínima. Mas o preço a pagar é alto: ela prejudica sua ligação com a família. Procure desenvolver a autoconfiança para poder dispensar uma atenção verdadeira à sua família."

☺ ☺ ☺

Pais com um alto grau de insegurança correm um risco 51% maior de desenvolver uma ligação também insegura com a família, e têm chance 36% menor de se sentirem satisfeitos com suas relações familiares.

McGriff 2000

---

# 69

## As crianças precisam de outras pessoas além dos pais

Num time profissional de beisebol, há sempre um técnico cujo papel é resolver crises e promover a harmonia na equipe. As equipes acham que esses profissionais ajudam muito, porque muitas vezes os jogadores se sentem mais à vontade para falar com eles de seus problemas do que com o treinador. Acontece o mesmo com pais e filhos. As crianças têm dificuldade em compartilhar com os pais desafios e problemas, porque se sentem constrangidas ou temem a reação deles. Elas precisam de um parente adulto ou de algum amigo da família em quem possam confiar e com quem se sintam livres para desabafar.

☺ ☺ ☺

Huascar faz parte de um grupo de advogados que trabalham como voluntários dando aulas para jovens de uma comunidade pobre. Ele lida diretamente com alunos do ensino médio. Depois das aulas, fica mais um tempo com eles, ouvindo-os e procurando orientá-los.

Ele descreve seu trabalho como uma fusão de funções: é um professor que ensina matérias e desenvolve bons hábitos na turma; é um mediador, fazendo a ponte entre pais, professores e alunos; e é um misto de confessor e psicólogo, acolhendo dúvidas e angústias. Além de tudo isso, é um exemplo para os jovens. "Eu vim de uma comunidade carente, e passei por algumas das experiências que esses jovens enfrentam. Muitos de meus amigos tiveram a vida destruída nesse processo. Sei que represento uma esperança de encontrar outras saídas."

Ao notar que uma de suas alunas estava tendo atitudes extremamente agressivas e causando problemas na escola, Huascar chamou-a para conversar. Inicialmente na defensiva, a jovem acabou se abrindo e contando que os outros alunos zombavam dela por causa do pai alcoólatra e da mãe prostituta.

Huascar sentiu a dor e a carência da menina. Percebeu que, em vez de ser julgada por sua agressividade, ela precisava ser entendida. Sabia que, se fosse suspensa da escola, ficaria totalmente desamparada. "Ela estava muito ferida. Queria desabafar e ouvir o que eu tinha a dizer, mas não queria parecer fraca diante dos colegas. Prometi que ninguém saberia de nossa conversa, e que eu estaria sempre disponível para escutá-la. Tenho certeza de que partilhar suas frustrações comigo ajudou-a a lidar melhor com os colegas e com sua própria raiva."

Huascar conhece o valor dessa orientação: para ele, teria sido extremamente valioso ter tido alguém para conversar quando era jovem. "Eu me vejo ao olhar para eles. Se tivesse encontrado alguém com quem desabafar, minha vida poderia ter sido mais fácil."

☺ ☺ ☺

Estudos com meninos e meninas revelaram que a presença de um adulto confiável fora da família aumenta em 30% os sentimentos de apoio e satisfação com a vida.

COLAROSSI 2001

# 70

## A rigidez isola

Em qualquer tipo de família é indispensável que cada um possa desenvolver sua personalidade e colocar em prática suas crenças e interesses pessoais. Isso não significa que você deva impor seus pontos de vista aos outros. Qualquer imposição atenta contra a individualidade das pessoas e pode fazê-las reagir de maneira negativa. Mantenha suas opiniões e deixe que os outros tenham as deles.

☺ ☺ ☺

A filha de Lucia está cada vez mais independente – planeja viajar sozinha com os amigos, chega em casa de madrugada, tem opiniões formadas sobre tudo. Mas, ao contrário dos outros pais que passam pela mesma experiência, Lucia não está preocupada. Tinha consciência de que chegaria o momento em que a menina iria afirmar sua independência: "Desde pequena, ela foi incentivada a seguir seu desejo e tomar suas decisões. É claro que impomos limites, e procuramos ajudá-la a pensar. Mas valorizamos a autonomia da nossa filha e aprendemos a lidar com ela", conta.

Lucia sempre foi firme com a filha. "Há limites e regras a seguir. Mas, nessa idade, devemos tomar cuidado para não perder a confiança de nossos filhos, querendo ter sempre a última palavra. Se você quer lhes dizer algo importante, é preciso primeiro ouvi-los."

Fundamental para Lucia foi tentar ver qualquer situação pela ótica da filha. "Ela precisava ter certeza de que eu nunca iria ouvi-la com idéias preconcebidas nem daria uma resposta sem tentar entender seu ponto de vista."

Mãe e filha descobriram que é possível transformar esses pequenos momentos em grandes ocasiões. "Um mundo inteiro pode se descortinar num papo de dois minutos na volta da escola, ou sempre que estamos abertas uma para a outra."

☺ ☺ ☺

Estudos com pessoas consideradas rígidas – extremamente relutantes em aceitar mudanças – mostraram que elas têm capacidade 39% menor de se comunicar bem com a família, e têm possibilidade 27% menor de se sentirem próximas dela.

SAYRE 2001

# 71

## Quanto mais você dá, mais acredita em si mesmo

Ajuda e apoio são uma verdadeira riqueza. São como sementes que, se utilizadas de forma apropriada, rendem muitos frutos. Oferecer apoio aos membros da sua família não vai privá-lo de absolutamente nada. Fará com que os mais próximos se sintam bem, e fará sobretudo com que você se sinta melhor e mais confiante.

☺ ☺ ☺

Rebecca tem 18 anos e está entrando na faculdade. Apesar de muito jovem, já conhece as vantagens de ser uma pessoa solidária. Está sempre disposta a ajudar os amigos, a família, e mesmo os desconhecidos – coletando roupas e alimentos para doar a organizações beneficentes ou dando aulas em comunidades pobres. Quando seu irmão correu o risco de ser reprovado em álgebra, ela se dispôs a estudar com ele e tentou fazer das aulas algo bem divertido. Pôs a imaginação para funcionar e criou exercícios e exemplos relacionados a assuntos de interesse do menino, para que percebesse como a matemática pode ser agradável e como se aplica ao dia-a-dia.

Quando Sara, sua amiga de infância, foi cortada do time de basquete da escola, Rebecca prontamente passou a treinar com a amiga, para que no ano seguinte ela pudesse garantir sua vaga na equipe.

O professor de Rebecca a indicou para um importante prêmio na escola, usando o seguinte argumento: "Eu gostaria que o presidente deste país tivesse as qualidades de Rebecca. Ela é correta, motivada, generosa e interessada no bem dos outros."

Rebecca acha graça quando falam da sua generosidade. Ela afirma perceber que a ajuda que oferece aos outros volta para ela em grandes quantidades, e isso aumenta sua auto-estima. "Eu me achava insegura. Agora vejo que cada vez que faço alguma coisa boa por uma pessoa eu me sinto bem, porque me sinto capaz."

☺ ☺ ☺

Pessoas que se dedicam à família têm capacidade 21% maior de se sentirem autoconfiantes.

Fisk 2002

---

# 72

## Não fiquem juntos a qualquer preço

Quando os conflitos deixam de ser ocasionais e as brigas tomam conta do casamento, a prioridade deve ser proteger a família da melhor maneira possível. Não tem sentido manter uma união que só causa sofrimento – no marido, na mulher e nos mais próximos. É mais fácil, com o tempo, recuperar-se de uma relação falida do que superar o trauma de viver um relacionamento conflituoso e deteriorado.

☺ ☺ ☺

"É difícil abrir mão de um sonho, ver desmoronar todos os projetos, saber que nada no mundo é perfeito – nem o casamento, nem os filhos, nem a casa, muito menos a vida", diz Emma.

A união dela com Kevin vinha decaindo: os dois foram se dando conta de que estavam muito distanciados e que a comunicação se interrompera havia algum tempo. O que um dizia irritava o outro, e os diálogos eram ásperos e até mesmo agressivos. Viajaram juntos, numa tentativa de reaproximação, mas foi inútil. Constataram que o amor que os unira 10 anos antes se transformara quase em hostilidade. "Eu teria feito qualquer coisa para meu casamento dar certo, principalmente por causa das crianças. Mas achei que elas estavam sofrendo tanto com a situação que não vi razão para ficarmos juntos a qualquer custo", diz Kevin.

Ao se separarem, Emma e Kevin optaram pela guarda compartilhada: as crianças ficariam alguns dias na casa do pai e outros com a mãe. Mas o esquema não funcionou, pois os filhos precisavam de um lar fixo. Os dois decidiram que Kevin ficaria com a guarda dos filhos, dando a Emma liberdade para visitá-los quando quisesse.

"Algumas vezes sinto-me culpado por não poder oferecer a vida que idealizei para meus filhos", diz Kevin. "Mas faço tudo o que está a meu alcance para deixá-los felizes. Acredito que, com o tempo e com o amor que recebem de mim e de Emma, o sofrimento de terem pais separados acabará."

☺ ☺ ☺

Estudos de longa duração concluíram que oito entre dez crianças que vivenciam com freqüência as brigas dos pais sofrem de ansiedade e baixa auto-estima. Esses problemas se reduzem em 44% se o nível do conflito diminui ou se os pais se separam.

BURNS E DUNLOP 2002

# 73

## Proteção demais é uma ameaça

O mundo deveria ser um lugar que sempre acolhesse bem as pessoas da sua família, especialmente seus filhos. Deveria ser, mas não é. Proteger os membros da família de tudo que for capaz de lhes fazer mal talvez pareça a decisão mais sábia, mas pode deixá-los despreparados para enfrentar a realidade. Os acontecimentos e os comportamentos negativos afetam muito mais crianças superprotegidas, pois elas não aprendem a se defender. Quando um fato negativo atingir sua família, não fuja dele nem o oculte. Exponha e comente o ocorrido, ouvindo as reações e as sugestões dos demais. Ajude seus filhos a entender que experiências negativas fazem parte da vida. Mas mostre a eles que o mundo oferece muitas situações felizes e que vale a pena estar atento para acolhê-las.

☺ ☺ ☺

Andrew Stanton é o co-criador e diretor do desenho animado *Procurando Nemo*, em que a atitude de Marlin, o pai superprotetor do peixinho, é criticada.

Quando passeava com seu filho de 5 anos em um parque de São Francisco, na Califórnia, Andrew se deu conta do que estava fazendo com o menino. "Passei o tempo todo alertando: 'Não toque nisso', 'Cuidado para não cair, para não furar os olhos num galho de árvore, para não quebrar os dentes, para não se machucar...' O passeio, que devia ser uma fonte de alegria, tinha virado um verdadeiro inferno. Pensei na ironia da situação: eu, que mostrei a milhares de pessoas até que ponto o medo pode impedir alguém de ser um bom pai, estava me comportando como o Marlin."

Andrew sabe que os pais têm um medo visceral de que alguma coisa atinja os filhos: "Temos dentro de nós esse senso quase primitivo de que somos os provedores e os protetores."

No filme, Marlin é o pai apavorado e superprotetor de Nemo. Mas, quando o filho é capturado – e só o pai pode salvá-lo –, Marlin vence o medo. "O filme mostra que coisas ruins acontecem, mas viver dominado pelo medo não é a melhor maneira de enfrentar os perigos", lembra Andrew.

☺ ☺ ☺

Crianças do ensino médio que são educadas por pais altamente protetores têm probabilidade 14% menor de estabelecer relacionamentos sólidos fora do ambiente familiar.

NAKAO ET AL. 2001

---

# 74

## A experiência dos outros ajuda, mas confie na sua intuição

Pais e mães se sentem muitas vezes inseguros na educação dos filhos. Por isso, apelam para as chamadas "vozes da experiência". Algumas delas dentro da própria família, e muitas dando conselhos mesmo quando não são chamadas. Sempre que necessitar de ajuda ou precisar trocar opiniões sobre algum assunto, apele para pessoas experientes. Mas saiba que, por maior que seja a experiência, ninguém conhece tão bem sua família quanto você. Não siga à risca os conselhos de alguém sem antes refletir e usar sua intuição para escolher o que é melhor para os seus.

☺ ☺ ☺

"É fácil se dar bem com os membros da família quando tudo corre harmoniosamente", diz Sandra. "Mas, quando as coisas começam a dar errado, pode ser muito difícil."

Sandra teve pais muito rígidos. Freqüentemente achava que eles se preocupavam mais com as regras estabelecidas do que com ela. Mesmo sabendo que os pais procuravam fazer o melhor, Sandra quis agir de outra forma para evitar que seus filhos se sentissem afastados dela.

Os pais de Sandra não entendiam a permissividade da filha com os netos, mas não diziam nada. Porém, quando o filho de Sandra recebeu uma advertência na escola por mau comportamento, os avós despejaram todas as críticas reprimidas.

"Eles praticamente listaram tudo que fiz de errado desde o nascimento dos meus filhos. E assinalaram que eu nunca me metera em encrencas por causa da educação que me deram. Respondi que isso tinha sido há 30 anos, e que eram métodos ultrapassados."

Quem acabou se aborrecendo foi o menino, que se viu como o pivô da briga entre a mãe e os avós. Ao perceber a tristeza do filho, Sandra reconsiderou sua atitude com os pais. Preferiu, em vez de simplesmente descartar a opinião deles, refletir sobre ela, pois poderia trazer alguma contribuição proveitosa. Os três decidiram em conjunto que ela ouviria os mais velhos e os pais de Sandra prometeram respeitar o modo de educar da filha.

☺ ☺ ☺

Mais de oito em cada dez pais valorizam um conselho ocasional dos avós das crianças, mas a maioria se sente desconfortável quando esse conselho soa mais como crítica ou como regras impostas.

MUELLER E ELDER 2003

# 75

## Expectativas baixas não são a solução

Na maioria das ocasiões, você pode obter o que deseja procurando realizar suas expectativas, ou reduzindo-as a um nível que as torne possíveis. Ou seja, se quer ser rico, pode se empenhar para ganhar rios de dinheiro ou baixar sua pretensão, reavaliando de quanto precisa para ter uma vida confortável. O mesmo pode não se aplicar à sua vida pessoal. Não é possível acomodar-se numa situação familiar frustrante e achá-la satisfatória. É claro que não existe perfeição, mas devemos sempre procurar manter uma relação de amor e respeito com nossos familiares.

☺ ☺ ☺

"Eu dedicava todas as horas do meu dia ao trabalho", admite Louise. "Estava tão envolvida nele, que não percebia que ia ficando marginalizada dentro da minha própria família. Nunca estava em casa para o jantar, não achava tempo para assistir às competições esportivas dos meus filhos, e nos domingos estava sempre exausta para fazer programas com eles. Prometia voltar de uma viagem de negócios no fim de semana, mas raramente cumpria a promessa. Quando me dei conta de como me afastara da família, levei um susto."

Suas expectativas profissionais eram altas demais, e as familiares foram encolhendo. No início, os filhos reclamavam e mostravam desejo de ter a mãe presente. Depois de algum tempo, se conformaram, e cada um seguiu seu rumo. "Eu tomei consciência de que não os tinha visto crescer, e que, de certa forma, os conhecia pouco. Isso me deu uma grande tristeza, pois percebi que havia perdido uma parte da vida dos meus filhos, e ela não voltaria mais."

Hoje, Louise organiza sua agenda para conciliar as necessidades familiares com as profissionais. Há dias em que sai do escritório mais cedo para assistir a um jogo da filha; dali sai correndo para uma viagem de trabalho que vai mantê-la fora por uma noite; retorna para sua vida de empresária e volta para casa a tempo de levar o filho ao cinema.

"Minha vida continua agitada, mas houve uma mudança na minha atitude interior, e meus filhos sentem que eu valorizo extremamente o convívio com eles."

Sua filha, Iara, que está terminando o ensino médio, diz que não se importa muito com o esquema alucinado do trabalho da mãe, pois se sente incluída na vida dela. "Minha mãe está sempre fora, mas temos uma ótima relação. É tão apaixonada pelo trabalho que eu apóio todos os seus esforços, mesmo que isso signifique ter que compartilhá-la. Quero estudar administração e seguir seu caminho."

☺ ☺ ☺

Tanto as pessoas que têm uma baixa expectativa em relação à vida familiar quanto as que possuem um grau excessivamente alto de expectativa tendem a sentir-se mais insatisfeitas com a vida em geral.

CAUGHLIN 2003

# 76

## Emoções duram mais do que aquilo que as causou

Pense nas brigas terríveis que você já teve com seus entes queridos. Talvez você se lembre do sofrimento que sentiu, mas tenha esquecido de como tudo começou. Quando ficar com muita raiva de alguém da sua família, lembre-se de que sua reação emocional será lembrada por muito mais tempo do que a razão do aborrecimento.

☺ ☺ ☺

"Parem! Quem começou essa briga? Por que vocês não conseguem se comportar? Que vontade de desistir de tudo!!!", esbraveja com muita raiva uma mãe de dois filhos. Segundo o psicólogo infantil Lynn Krieger, explosões como essas são freqüentes, mas devem ser evitadas a qualquer custo: "Essas informações ficam gravadas na memória das crianças e mais tarde elas repetem os mesmos comportamentos com seus filhos. Falamos exatamente as frases que ouvimos de nossos pais, por mais que elas nos tenham feito sofrer."

O especialista diz que os pais gritam ou batem nas crianças porque acham que dessa forma resolvem o problema. "Não é por maldade. Mas bater numa criança ou gritar com ela não soluciona coisa alguma, nem ensina qualquer lição. Essas atitudes substituem o problema por outro maior, pois a criança se sente emocionalmente afastada dos pais."

Estar preparado para enfrentar conflitos é função dos pais.

"Você vai se aborrecer algumas vezes, ficar frustrado, com raiva. Tudo isso é muito natural. O segredo é refletir sobre essa situação quando estiver só, e se preparar para reagir num momento desses. Pense numa saída para os problemas habituais quando estiver calmo, porque, na hora do conflito, a emoção vai predominar. Mas, se você estiver preparado, conseguirá se controlar. Uma explosão emocional não resolve problema algum, só agrava."

☺ ☺ ☺

Crianças são quatro vezes mais capazes de reter na memória as explosões emocionais dos pais do que de explicar o que as motivou.

DAVIDSON, LUO E BURDEN 2001

---

# 77

## Até os dependentes precisam de independência

Quando uma pessoa da nossa família perde a capacidade de se sustentar ou de viver sozinha e passa a depender de outros, isso constitui um problema complicado para nós. Queremos ajudá-la da melhor maneira, mas talvez falte espaço, dinheiro ou tempo para oferecer-lhe o que necessita. Podemos ter a tendência de superprotegê-la, impedindo-a de apelar para os próprios recursos. Ou de impor nosso modo de ser, sem ouvir seus desejos. Na medida do possível, é bom estabelecer um diálogo em que falamos de nossas possibilidades e ouvimos o que a pessoa quer. A sensação de estar sendo ouvida, respeitada e acolhida nesse momento tão assustador lhe dará forças para enfrentar a nova situação.

☺ ☺ ☺

George envelhecera, perdera a autonomia para fazer diversas tarefas do seu cotidiano, mas não queria abrir mão de sua independência. "Mesmo quando ficamos velhos, queremos ter algum controle sobre nossa própria vida. Isso não significa fazer tudo sozinhos, porque já não damos conta de realizar algumas atividades. Mesmo assim, queremos controlar o que está sendo feito."

"Quem toma conta de pessoas que possuem algumas limitações deve dar apenas a ajuda indispensável, e nos deixar assumir tarefas de que somos capazes", continua George. "Tenho horror daqueles que infantilizam os velhos, tratando-os como se fossem crianças de colo. Uma assistência adequada nos ajuda a tentar, a não nos acomodar. Se me pusessem num lugar onde eu recebesse tudo de mão beijada, estaria certamente com uma forma física muito pior."

George sabe por experiência própria que os idosos podem entrar em conflito com seus parentes queridos e bem-intencionados. "Precisamos falar sobre nossos desejos e ouvir as opiniões de nossos parentes. É claro que eu também quero proteger a minha saúde e garantir a minha segurança, mas muitas vezes discordamos sobre a maneira de fazer isso." E ele conclui: "Temos ainda que tomar o maior cuidado para respeitar o espaço de quem nos recebe, pois acolher um idoso em casa é sempre um transtorno."

Para ele, a mensagem mais importante a ser transmitida aos familiares é que, por mais que as necessidades de uma pessoa mudem, a personalidade dela continua a mesma. "Lembre-se dos sentimentos de alguém que está acostumado a ser pai, mãe, avô, avó por muitos anos. É difícil trocar de condição de um momento para outro, tornando-se dependente de um filho ou de um neto."

☺ ☺ ☺

Pessoas idosas que não puderam continuar morando sozinhas têm chance 84% maior de estarem felizes numa nova casa onde percebem que suas preocupações e seus desejos são respeitados. Ela mostram uma independência crescente e um interesse maior pela família, além de precisarem menos da presença constante de enfermeiros ou acompanhantes.

ALTUS, XAVERIUS, MATHEWS E KOSLOSKI 2002

---

# 78

## Opiniões diferentes são reforço, não enfraquecimento

Em toda família sempre há alguém diferente dos outros. Alguém que possui uma visão particular do mundo, que tem desejos e ambições originais. Essa pessoa não deve ser discriminada nem criticada por ser diferente. O fato de fugir ao padrão não influi no relacionamento com os demais, e pode até trazer uma contribuição para a família.

☺ ☺ ☺

Em uma família de sete pessoas, Robin sempre foi diferente.

"Minha irmã costumava me perguntar se eu tinha sido adotada, de tão diferente que eu era. Gostava de músicas esquisitas, livros fora do comum, assuntos exóticos, comidas e roupas que os outros achavam completamente loucas."

Por causa dessa personalidade ímpar e das discordâncias freqüentes, a implicância com Robin era constante: "Algumas vezes, minha família se sentia pessoalmente ofendida por eu ver as coisas de um modo diferente do deles. Era como se eu tivesse essas opiniões só para incomodá-los, ou para mostrar que eles eram caretas. É claro que nunca senti isso, mas também não queria fingir que gostava do que os outros gostavam."

Robin diz que nunca vai esquecer o dia em que se sentiu aceita do jeito que era, apesar de todas as diferenças. "Nós estávamos discutindo sobre um determinado assunto, e meu irmão mais novo começou a me acusar de estar fazendo gênero, só porque eu discordava dele. De repente, do quarto ao lado, ouviu-se a voz do meu pai: 'Respeitem a opinião da Robin, e pensem sobre o que ela está dizendo. Talvez vocês aprendam algo com ela.' E acrescentou: 'O mundo não pode funcionar apenas com pessoas que dizem sim.'" Comovida, Robin nos conta: "Senti uma emoção tão forte, que esse momento ficará gravado na minha memória para sempre. Meu pai mostrou que discordar era algo importante e bom. Foi a primeira vez que me senti valorizada por ser diferente."

☺ ☺ ☺

A semelhança de personalidades não garante a satisfação conjugal nem a coesão familiar.

ZIMET 2002

# 79

## O aborrecimento é contagiante

Você pode estar aborrecido por causa do trânsito, do tempo, irritado com seu patrão ou com sua mulher, estressado por problemas de vazamento em sua casa ou por uma infinidade de motivos. Mas, atenção: muitos dos seus familiares, as crianças principalmente, vão achar que sua irritação é com eles. Ninguém merece suportar seu mau humor, e as crianças se sentem inseguras e assustadas diante de suas explosões de raiva. Se você está irritado, tenha em mente que o problema é temporário, e que sua família é um bem precioso que deve ser preservado a qualquer custo. Os familiares se sentem atingidos por seu mau humor, mesmo sabendo que não são a causa dele. Faça um esforço para continuar demonstrando amor, mesmo quando estiver enfrentando frustrações. Isso irá lhe fazer bem.

☺ ☺ ☺

Faltavam poucos dias para esgotar o prazo em que Pam devia entregar um relatório, e ela estava extremamente estressada. "Eu me sentia sobrecarregada, e não sabia como me virar." No auge da irritação, Pam notou que sua filha de 10 anos, uma menina sorridente e radiante, parecia assustada e à beira do choro.

Pam perguntou o que estava acontecendo de errado, mas não obteve resposta. "Tenho que ir trabalhar", disse à filha, que ficou ainda mais triste. "Por que é que você está com essa cara?", perguntou a mãe, tentando conter a irritação.

Finalmente, a filha falou: "Queria tanto que você não fosse trabalhar hoje e ficasse comigo..."

Apanhada inteiramente de supresa pelo pedido, Pam começou a fazer um discurso sobre a importância de seu trabalho. Mas parou no meio, percebendo que estava diante da sua prioridade na vida: sua filha.

Cancelou sua agenda e fez aquilo que sempre agradou às duas: foi passear com a filha na praia. No início, a menina ficou calada, mas aos poucos foi se abrindo. O que ela disse revelou que as preocupações de Pam com o trabalho tinham contaminado toda a família. "Meninas de 10 anos não deveriam se preocupar com lucros trimestrais ou planos de reestruturação, mas nos últimos tempos eu só falava nisso. Não percebi que estava me deixando prender numa rede que só trazia infelicidade para mim e para a família."

☺ ☺ ☺

Crianças têm probabilidade 29% maior de se sentirem inseguras no relacionamento com os pais quando percebem que eles estão aborrecidos com alguma coisa – mesmo quando o problema não tem relação direta com elas.

LINDSEY, MACKINNON-LEWIS, CAMPBELL, FRABUTT E LAMB 2002

# 80

## A família influencia todos os aspectos da nossa vida

A família é muito mais do que apenas uma fonte de amor e vida. É o ponto de partida para a formação de nossas idéias, nossas crenças, nossos hábitos e nossa personalidade. Construir uma vida familiar sadia é como providenciar uma refeição saudável que satisfaz uma exigência básica da vida e cria condições para que todo o resto se torne possível.

☺ ☺ ☺

Phil não precisa pensar muito para saber de onde vem seu sentimento de que a vida deve ser bem aproveitada.

"Eu me lembro de perguntar à minha mãe, depois que cheguei aos 40: 'Quando é que a gente se sente adulto?', e ela me responder: 'Direi a você quando eu me sentir assim.'"

A família de Phil é grande, e seus pais sempre trabalharam muito. Quem olhasse de fora podia imaginar que o excesso de responsabilidade e as milhares de atribuições deixavam todos estressados e de mau humor. Mas Phil afirma que o sorriso era a marca registrada da família, todos felizes por terem pais tão amorosos e dedicados.

"Meus pais levavam a vida de um modo especial. Entregavam-se com alegria ao que estavam fazendo, curtiam cada situação. Mesmo quando enfrentavam algum problema, sempre acreditavam que havia solução, e conseguiam ver o aspecto positivo do acontecimento. Não tinham vergonha de pedir desculpas quando achavam que estavam errados. Apesar de sermos muitos, meus pais tratavam cada filho como uma pessoa única que precisava ser conhecida. Nunca me senti julgado, e sim compreendido e estimulado a mudar e a aprender com os erros."

Os pais da maioria dos amigos de Phil se acomodaram ao se aposentarem. Mas os seus aproveitaram a aposentadoria para fazer coisas que o trabalho não permitia: viajar, ler mais, dedicar-se a um serviço voluntário com idosos carentes. "E tudo sempre feito com muito entusiasmo e alegria", elogia Phil.

Agora que é pai, Phil se dá conta da herança preciosa que recebeu. E percebe que as lições de vida são ensinadas nas pequenas experiências cotidianas. "São as nossas atitudes diante de qualquer coisa que acontece – desde os comentários que fazemos, a forma de tratar os outros, sobretudo os mais humildes, de reagir aos problemas que surgem – que vão formando nossos filhos. São as coisas mínimas ensinadas no dia-a-dia que constroem o que somos, e nos ajudam a enfrentar as grandes dificuldades. Estou tentando fazer por meus filhos o que minha família fez por mim: dar-lhes um exemplo de vida para ser guardado como um tesouro e transmitido para as próximas gerações."

☺ ☺ ☺

Filhos cujas necessidades são atendidas por suas famílias têm mais chance de se sentirem saudáveis, satisfeitos com a vida, bem com eles mesmos e confiantes em sua capacidade de alcançar metas.

SHEK 2002

# 81

## As novas gerações nos fazem sentir jovens

Crianças são uma ponte para o futuro, e também uma conexão com as nossas lembranças da juventude e da infância. Pais, tias, tios, avós e bisavós se beneficiam do contato e do cuidado com as crianças. Tome consciência de que seu convívio com as crianças da família faz tão bem a você quanto a elas.

☺ ☺ ☺

Quando Anna soube da novidade, as recordações do dia do seu casamento vieram à tona. Lembrou-se dos sentimentos, dos convidados, de toda a vida nova que começava. Seu filho acabara de comunicar-lhe que a mulher dele estava grávida, e aquela notícia desencadeou em Anna uma viagem no tempo e uma grande emoção: ela seria avó pela primeira vez.

"Aquele bebezinho, que foi a maior alegria de minha vida, cresceu tão depressa e já ia ser pai. É um desdobramento muito emocionante, e uma sensação fortíssima da incrível rapidez com que o tempo passa. Ao mesmo tempo, eu me dei conta de que pertenço a um quadro muito mais amplo."

Anna sentiu todas as conexões da sua vida. Pensou nos pais, nos avós e nas gerações anteriores que nunca chegou a conhecer. Pensou no seu filho, no filho dele, nas gerações que viriam e que ela também não iria conhecer.

"Sei que nos perguntamos muitas vezes sobre o sentido da vida. Para mim, o anúncio da chegada de um neto deixou bem claro que estamos aqui para criar um mundo melhor, e fazer isso gerando outras vidas que darão continuação ao nosso trabalho. A nova geração tem chance de construir um mundo melhor porque, antes dela, fizemos a nossa parte."

Anna sorri e observa que, para sua surpresa, a condição de avó a faz recuperar alegrias da juventude. "Eu me sinto mais jovem e cheia de vitalidade. A idéia de que vou ter a oportunidade de ver meus netos crescerem, revelarem sua personalidade, fazerem suas descobertas me deixa encantada. Vou reviver uma das maiores alegrias que tive na vida, agora com maturidade e sem o estresse da mãe jovem e despreparada que fui. Só de pensar, me encho de entusiasmo."

☺ ☺ ☺

Mais de oito entre dez parentes próximos que têm contato estreito com as crianças da família experimentam fortes sentimentos de amor, satisfação, orgulho, alegria, realização e juventude.

WILLIAMSON, SOFTAS-NALL E MILLER 2003

# 82

## Todos devem colaborar no trabalho doméstico

A família inteira depende de você? É você quem cuida das necessidades de todos? Empenha-se ao máximo para manter a família unida? Esse compromisso é uma prioridade em sua vida? Talvez você faça tudo isso como se fosse absolutamente natural, ou achando que é o caminho para a santidade. Mas, na verdade, é a mais perfeita receita para um esgotamento nervoso. Abdicar de todas as suas necessidades em prol da sua família causa dor e frustração, além de educar mal seus entes queridos. Vivendo nesse contexto, eles correm o risco de se tornarem pessoas egoístas, sempre prontas a exigir tudo dos outros, sem noção de uma comunidade em que a ajuda e a participação são compromissos de todos. É muito provável que sua total dedicação seja desvalorizada a ponto de só reclamarem quando falta algo. Não há nada de errado em dedicar-se à família; na verdade, é uma atitude admirável. Mas o ganho será muito maior se você dividir tarefas e responsabilidades com seus familiares. Assim todos poderão partilhar perdas e ganhos da convivência, e se tornarão capazes de ver a vida do ponto de vista do grupo.

☺ ☺ ☺

Ao casar-se, Pat reproduziu o modelo da casa dos pais: a mãe inteiramente dedicada à vida doméstica, enquanto o pai garantia o sustento da família. Como filha mais velha de sete irmãos, ela foi a única a ser solicitada para participar dos trabalhos domésticos e ajudar a mãe na criação dos filhos menores. "Essa era a minha identidade", conta Pat, "e eu só me sentia amada e valorizada ao desempenhar esse papel."

Foi sua melhor amiga que a alertou para a distorção que vinha acontecendo. Pat conta: "Um dia, Rosa veio passar uma tarde comigo e ficou para o jantar. Na manhã seguinte, ela me procurou e conversamos longamente. Disse que tinha ficado impressionada com o que assistira. Meu filho mais velho, sentado na frente da televisão, era prontamente atendido por mim quando pedia um refrigerante. O copo ficava largado sobre a mesa, e era eu quem o recolhia e lavava. Isso em meio a todas as tarefas domésticas, interrompidas para buscar minha filha na escola e levar o cachorro ao veterinário. Rosa me disse: 'Vejo dois problemas sérios no que está acontecendo. Primeiro, você é uma mulher inteligente que poderia desenvolver seu potencial com outras atividades e sentir-se mais realizada. Mas, sobretudo, desculpe-me dizer, apesar das boas intenções, você está criando verdadeiros monstros de egoísmo, pessoas incapazes de perceber as necessidades dos outros ou de ao menos serem gratas pelo que recebem. Pat, querida, está na hora de mudar, e pode contar com a minha ajuda para isso, pois gosto muito de você e quero ver a sua felicidade e a de sua família.'" Ela acrescenta: "Suas palavras foram duras, e me deixaram chocada. Mas provocaram o início de uma grande mudança que beneficiou toda a família."

☺ ☺ ☺

Pessoas que aceitam assumir a maior parte das responsabilidades familiares têm chance 43% maior de sentir que a família é um fardo, e 22% menor de se sentirem satisfeitas com suas vidas.

KULIK 2002

# 83

## Seja você mesmo

Em vez de serem quem realmente são, muitas pessoas têm necessidade de responder às expectativas externas, negando a própria essência. Agem como atores dentro da família, representando um papel para satisfazer as necessidades dos outros. Com isso escondem de seus entes queridos a sua verdadeira personalidade. Não se trata de uma escolha consciente, pois na maioria das vezes elas foram condicionadas a fazer isso, e talvez nem saibam exatamente como são de fato.

☺ ☺ ☺

A mãe era agressiva e o pai nunca estava presente. A infância de Amy foi infeliz: "Eu raramente sorria. E chupei o dedo até muito tarde. Simplesmente, era uma criança triste e muito amedrontada." Quando completou 11 anos, os pais se separaram, a mãe declarou-se sem condições de cuidar da filha e Amy foi morar com os avós maternos, numa cidade a mais de 1.500 quilômetros de distância.

"Desde muito pequena, o que eu mais desejava era poder me jogar nos braços da minha mãe, e sentir que ela me abraçava com amor", conta Amy. "Só fui descobrir essa sensação de carinho quando fui morar com meus avós. Lá, me senti acolhida e recebi o amor de que tanto precisava."

Mas as marcas da experiência na primeira infância estavam fortemente gravadas em Amy. Qualquer ausência dos avós, qualquer palavra dita em tom mais alto a deixavam sobressaltada.

Quando a avó a abraçava, Amy sentia o corpo se contrair, apesar de toda a necessidade de aconchego. "Eu ficava muito quieta, e assumia uma postura distante e autoconfiante para me proteger e ocultar meus medos. Mentia quando achava que tinha feito algo errado, para escapar do castigo. Meus avós poderiam ter se sentido rejeitados por mim, mas minha avó tinha uma extraordinária sensibilidade e percebeu quanto sofrimento havia por trás de todas aquelas atitudes."

O processo para desmanchar essas defesas levou muito tempo, e até hoje, já adulta, Amy percebe em si determinadas reações provenientes do trauma de infância. Mas agora as reconhece e sabe lidar com elas. Seu marido conhece sua história, e a ajuda a assumir sua verdadeira personalidade todas as vezes que a vê representando um papel que não corresponde ao que ela é. E Amy tem o maior cuidado para procurar conhecer as características de personalidade de cada um de seus dois filhos, e para educá-los de acordo com elas, permitindo que se desenvolvam da forma mais autêntica.

☺ ☺ ☺

Os pais e responsáveis que se abrem mais e são mais honestos com as crianças aumentam em 31% o sentimento de conexão entre eles. As chances de os filhos terem uma auto-imagem positiva também são 17% maiores.

BAIRD 2002

# 84

## Jovens e velhos querem a mesma coisa

Um dos problemas familiares mais freqüentes são os conflitos de idéias, opiniões e pontos de vista entre pessoas de diferentes gerações. As diferenças mais gritantes dizem respeito às experiências: o que para um grupo é totalmente normal, para o outro é estranhíssimo; os gostos de uns são quase agressões para os outros. É importante entender que, apesar das divergências, pessoas das mais diferentes idades podem compartilhar os mesmos valores e a mesma motivação. Todos os membros de uma família, independentemente da idade que tenham, desejam estar conectados com os demais, dando e recebendo amor.

☺ ☺ ☺

A professora de Jake, um menino de 10 anos, pediu aos alunos que elaborassem um projeto para ajudar uma comunidade e aprender uma lição com a experiência. Conversando com sua avó, Jake teve a idéia de levar os alunos para passar um dia na clínica de idosos onde vivia uma amiga da avó. As crianças alegrariam os mais velhos e aprenderiam algo sobre a vida deles.

No dia da visita, os idosos falaram sobre a infância que tiveram, a maneira como foram criados e a vida em geral. Meninos e meninas, interessados em tudo, não paravam de perguntar. Tinham uma curiosidade especial: como era a vida antes da televisão? Foi interessante ouvir os mais velhos falarem das brincadeiras na rua, dos livros que devoravam, dos seriados ouvidos no rádio. "Era divertido", disse um senhor de 87 anos, "porque criávamos os personagens em nossa imaginação. Mas hoje nós adoramos ver alguns programas na TV, e não perdemos nenhum capítulo da novela."

Mas a maior descoberta para crianças e velhos foi perceber que suas vidas tinham coisas em comum. Uma das meninas que amava andar a cavalo conversou com uma senhora de 79 anos que tinha a mesma paixão, e ambas falaram sobre suas experiências. Um dos meninos que era fanático por futebol e sabia os nomes dos jogadores de todas as seleções ficou um longo tempo de papo com um residente de 82 anos, comentando as jogadas que mais os emocionaram no último campeonato. Na parte da tarde, velhos e crianças dançaram juntos, num clima de festa, ao som de músicas escolhidas por todos. Riram muito, as crianças procurando imitar os mais velhos que dançavam enlaçados, e estes, por sua vez, tentando reproduzir os passos de rock. Para os residentes da clínica, o dia foi uma ótima oportunidade de entrar em contato com as crianças. Um senhor disse: "A alegria delas é contagiante. Foi como uma brisa de energia para cada um de nós."

Os alunos também se empolgaram com o que aprenderam. Perceberam quanto havia em comum entre eles e aqueles velhos que sempre tinham visto como pessoas distantes, pertencentes a outro mundo.

E para Jake foi ótimo: ele e a avó ficaram encantados com a idéia que tiveram.

☺ ☺ ☺

Estudos comparando pessoas com 20 anos e outras com 60 mostraram que quando elas mantêm relacionamentos familiares satisfatórios, aumentam em 5% a possibilidade de se sentirem felizes com a própria vida.

Bouazzaoui e Mullet 2002

# 85

## A família sofre influência do mundo

De um modo geral, pensamos que nossa vida familiar reduz-se ao que acontece em nossa casa. Mas esta idéia não corresponde à realidade. A família é inevitavelmente influenciada pelas mensagens passadas pela televisão, pelos filmes que vêem, pelas músicas que ouvem e pelos livros que lêem. O problema é que, na maioria das vezes, absorvemos essas mensagens sem nos darmos conta e sem qualquer crítica. No entanto, elas nos transformam. Não adianta competir com a mídia, mas é fundamental ajudar sua família a desenvolver um espírito crítico em relação a ela. Limites devem ser colocados com firmeza pelos pais, pois há programas e textos que podem ser nocivos para as crianças. O ideal é que, na medida do possível, os pais saibam a que seus filhos estão expostos, e possam discutir com eles o que estão vendo, ouvindo e lendo. Quando a família vive valores positivos no seu cotidiano, as crianças têm mais condições de filtrar as mensagens da mídia.

☺ ☺ ☺

A professora Bobbie Eisenstock, da California State University, fez um estudo sobre a maneira como os pais podem atuar na quantidade e na qualidade de imagens que a mídia leva para dentro dos lares. Ela se preocupa especialmente com as imagens de violência. "Além de extremamente chocantes, elas embotam nossa sensibilidade e estimulam reações agressivas. Os pais deveriam estar atentos para o impacto que cenas desse tipo têm sobre as crianças", diz ela. "Eles precisam proteger os filhos de imagens amedrontadoras e devem ajudá-los a administrar a reação provocada", enfatiza Bobbie. Ela insiste na necessidade de os pais analisarem cuidadosamente as mensagens transmitidas.

Se os filhos sentirem algum tipo de mal-estar diante de uma imagem vista na TV, os pais não devem esperar que eles falem sobre seus medos. "Crianças pequenas não sabem expressar o medo com palavras. Os pais percebem a reação delas pelo comportamento. Podem ficar mais agarradas aos adultos do que o habitual, negando-se a se separarem deles. Algumas têm pesadelos, demonstram mais agressividade nas brincadeiras, temem pela própria segurança, muitas se encolhem e se recusam a ir à escola ou a outros eventos", diz Bobbie.

Ela aconselha que a criança receba apoio, mantendo as atividades normais do cotidiano. Se alguma coisa imprevista suceder, deve ser usada como uma ferramenta educacional. "Uma crise é sempre uma grande oportunidade de ensinar. Apoiadas pelos pais, as crianças poderão aprender a lidar com o que vêem e ouvem. E poderá surgir uma discussão saudável sobre alternativas não violentas para resolver os conflitos, sejam eles entre países ou entre crianças."

☺ ☺ ☺

Pesquisas revelaram que quase todas as crianças são influenciadas por algum tipo de mídia, em relação a imagens corporais, diferenças sociais e comportamentos aceitáveis.

Ogle 1999

# 86

## O amor é a maior herança

Todos nós queremos dar o melhor para a nossa família, e deixar alguma herança para ela quando morrermos. Mas não estamos falando de dinheiro, jóias ou propriedades. O maior legado que podemos deixar é nossa atitude amorosa com a família e com os que nos cercam. Você pode ter certeza de que isso vai significar muito mais para o futuro da sua família.

☺ ☺ ☺

Brian lembra-se bem da época em que seu pai, Max, estava quase sempre ausente. "Ele saía de casa muito cedo, enquanto ainda dormíamos, e voltava tarde da noite, e também viajava muito." A família levava uma vida luxuosa, mas a mulher se sentia abandonada, e os filhos sentiam muito a falta do pai.

Apesar de achar a carreira estimulante e de se orgulhar da riqueza que conquistara, Max sentia uma vaga insatisfação, como se houvesse uma carência essencial em sua vida. Mas não conseguia abrir mão do emprego, nem diminuir o ritmo de trabalho. Nem mesmo um princípio de infarto foi suficiente para fazê-lo mudar. Assim que se recuperou, ele voltou à ativa.

Foi necessária uma dolorosa experiência para que se desse uma reviravolta em sua vida. Seu filho mais velho, ainda adolescente, sofreu um grave acidente ao voltar de uma festa de carona com um amigo embriagado, e passou um mês entre a vida e a morte. "Meu filho se recuperou, mas o sofrimento com a possibilidade de que ele morresse foi indescritível. Depois, olhando para trás, pude perceber a mão de Deus naquela quase tragédia. Ela foi fundamental para que eu avaliasse a vida que levava e tomasse a difícil decisão de mudar. Senti claramente que eu estava me privando, e à minha família, do que há de fundamental na vida", contava Max.

Ele abandonou o emprego, abriu uma consultoria que lhe permitiu ter um horário muito mais flexível e mudou-se com a família para uma casa no campo, onde adotou um estilo de vida mais simples. Usou parte da fortuna acumulada para criar e sustentar uma clínica de recuperação de dependentes químicos carentes e dizia-se profundamente realizado e em paz. "Hoje sei que a carência que me gerava insatisfação era por não exercitar o que há de mais essencial no ser humano: o amor", declarou Max na ocasião.

"Quando nosso pai morreu", diz Brian, "a partilha da herança se deu de forma muito harmoniosa. Decidimos continuar mantendo a instituição para dependentes químicos carentes criada por ele. Hoje, quando nos reunimos com nossos filhos e netos, reconhecemos como foi preciosa a lição recebida. A decisão de meu pai, a relação amorosa que ele estabeleceu a partir daí conosco e com nossa mãe, sua dedicação a uma causa social foram legados inestimáveis, incomparavelmente maiores do que qualquer riqueza."

☺ ☺ ☺

Estudos sobre pessoas que receberam grandes heranças familiares mostram que relações familiares insatisfatórias, baixa auto-estima, alto nível de frustração e pouca satisfação existem em pelo menos 40% dos casos.

KLEEFELD 2001

# 87

## Discorde do outro, não contra o outro

O que você prefere: uma pessoa da família que sempre concorda com você ou alguém que discorda de forma tranqüila? Se a primeira opção existisse, não seria interessante nem útil. Alguém que discorda respeitosa e serenamente vai ajudá-lo a enfrentar qualquer situação.

☺ ☺ ☺

Jim e Ron cresceram numa família onde sempre se debateram os mais variados assuntos. "Todas as vezes que as discussões ficavam exaltadas, meu pai chamava nossa atenção, pedindo que procurássemos defender nossos pontos de vista com a maior serenidade possível. E repetia: 'Não se trata de uma competição para ver quem ganha. Vocês dois estão em busca da verdade, e é importante que um escute o outro e reflita sobre o que ele diz. Só assim vocês vão aprender'", conta Ron.

Hoje, os dois são advogados cinquentões, e, quando olham para trás, se surpreendem com o aprendizado promovido pelas discussões familiares.

"Em toda a minha carreira como advogado, nunca tive uma discussão tão complexa quanto as que costumávamos ter nos jantares em nossa casa", diz Jim. "Tínhamos que estar preparados para defender nossas posições com fatos e argumentos, porque os tiros vinham de todos os lados, sendo que muitas vezes tratávamos de quatro ou cinco assuntos ao mesmo tempo. Você precisava estar a par de todos os acontecimentos no país e no mundo, e ter uma lógica impecável na sua argumentação."

"As pessoas não acreditam que somos irmãos, tamanha é a diferença entre nós", conta Jim. "Ron sempre foi uma criança agressiva, e eu era o bom menino. Tivemos que administrar nossas características para alcançarmos o sucesso profissional que temos hoje. Ron aprendeu a controlar sua agressividade, mas há muita energia em suas defesas. Eu me comporto como um cavalheiro, mas, apesar de falar com toda a calma, passei a usar mais força e firmeza na maneira de expor meus argumentos."

Ambos reconhecem que as diferenças entre os dois foram decisivas para que desenvolvessem seu talento. Hoje eles se sentem capazes de ver o mundo de pontos de vista diferentes, e se sentem preparados para um debate produtivo. E, mesmo que discordem sobre quase tudo, há um ponto em que concordam inteiramente. "Quando se trata de tomar conta da nossa mãe, estamos todos envolvidos."

☺ ☺ ☺

Pesquisadores acham que a capacidade de debater com respeito e honestidade pontos de vista diferentes tem três vezes mais probabilidade de produzir um alto nível de satisfação do que simplesmente concordar com tudo.

SANO 2002

# 88

## Não façam tudo sempre juntos

Será que é sempre bom repetir uma atividade prazerosa? Não exatamente. Mesmo as melhores experiências têm que ser parte de uma vida equilibrada. Por exemplo, duas semanas de férias num lugar maravilhoso é uma idéia fantástica – mas viver lá para sempre talvez acabe cansando. Passar parte do tempo livre com a família pode ser ótimo – mas o convívio excessivo pode gerar conflitos e insatisfação. Todos nós precisamos contar com o apoio e o amor da família, mas uma vida familiar que exclua o relacionamento com outras pessoas pode se tornar entediante e pouco enriquecedora.

☺ ☺ ☺

Frank observa os dois casais de quem ele e a mulher são amigos há décadas, e pensa em como aquelas três famílias ali reunidas são abençoadas. Quando se conheceram, moravam no mesmo quarteirão, trabalhavam duro, criavam os filhos pequenos e tentavam tocar a vida. Por causa das afinidades e das muitas situações em comum, estabeleceram uma forte amizade.

Era sempre um prazer a reunião dos seis adultos e das crianças para jantar em alguma das casas. Às vezes as reuniões se ampliavam, incluindo outros amigos e parentes. E havia também os passeios apenas com os casais, sem as crianças.

Os homens, algumas vezes, iam a um jogo de beisebol. As mulheres gostavam de ir a shoppings e a exposições de arte.

"Cada um de nós tem seus próprios amigos, mas gostamos

muito de estar juntos", conta Frank. "Sabemos que podemos sempre contar uns com os outros, e nossas afinidades se aprofundaram com o tempo. Mas temos consciência de que precisamos diversificar nossas relações para crescer individualmente e enriquecer nosso convívio. Não queremos, de forma alguma, correr o risco de cair no tédio que inevitavelmente iria nos afastar." Ele acrescenta: "Três casais e nenhum divórcio. Quarenta anos depois, é um feito considerável. Mas temos certeza de que a diversidade e o respeito à privacidade de cada um propiciam à família um longo tempo de união."

☺ ☺ ☺

Maximizar o tempo passado em família obriga as pessoas a abandonar seus interesses próprios e reduz em 9% a satisfação com os mais próximos.

CRAWFORD, HOUTS, HUSTON E GEORGE 2002

---

# 89

## Cuidado com os extremos mostrados na TV

As famílias mostradas na TV são quase sempre bem diferentes das que existem na vida real. Ou são modelos de perfeição ou verdadeiros desastres. É preciso ter bem claro que as histórias são criadas apenas para nos divertir, e não têm a pretensão de espelhar a realidade, mesmo que nos identifiquemos com aspectos de um ou outro personagem. Lembre-se de que uma verdadeira vida familiar quase sempre combina perfeição e frustração, e não pode ser comparada com o que a televisão apresenta.

☺ ☺ ☺

Gerard nunca foi muito fanático por televisão. Assistia apenas aos telejornais ou a algum programa esportivo. Mas durante sua recuperação de uma fratura na perna, enquanto sua mulher estava no trabalho e seus filhos, na escola, teve tempo de sobra. E passou a ligar o aparelho em horários inusitados — de manhã e à tarde.

Ficou atônito. "Eu já tinha lido que as coisas estavam fora de controle. Mas não imaginava que tivessem chegado a esse ponto."

O que mais o chocou foram os programas de entrevistas. "A forma como são tratadas questões que considero importantes deixou-me indignado. As referências às famílias que eles chamam de 'caretas' são todas em tom de zombaria. Atacam valores como fidelidade, integridade e dedicação com a maior irreverência, como se fossem coisas ultrapassadas. Ouvi uma sexóloga defender o 'casamento aberto', com vários parceiros, e exaltar o que meus filhos chamam de 'ficar' como sendo o auge da liberdade. Eu não conseguia acreditar no que ouvia. Fiquei com a sensação de que os programas mostram o que há de pior no ser humano. Nenhuma moral, nenhum valor, um verdadeiro lixo. Que tipo de mensagem os jovens estão recebendo? Que as pessoas são descartáveis? Que o importante é tirar vantagem? Que a esperteza que prejudica os outros é recompensada? Realmente, precisamos estar atentos aos programas de televisão que nos cercam."

Quando comentou com sua mulher, ela concordou com ele, mas lembrou também dos filmes a que assistiam quando eram jovens. "A vida parecia uma eterna lua-de-mel, e o filme terminava sempre com o casal se beijando, num 'final feliz' idealizado que não nos preparava para enfrentar as dificuldades e crises do casamento."

Ainda sob o impacto do que vira, Gerard decidiu iniciar uma campanha junto a amigos e conhecidos para protestar contra os programas que considerava nocivos. Mesmo que não dê o resultado esperado, ele acha que é uma forma de conscientizá-los dos prejuízos que certas mensagens podem causar em seus filhos e na sociedade de um modo geral. "A televisão pode ser um veículo importante para difundir valores positivos e contribuir para a melhoria do mundo", diz ele.

☺ ☺ ☺

Estudos feitos nos últimos 50 anos sobre os primeiros programas de ficção na televisão revelaram que oito entre dez seriados que retratam a família são muito pouco eficazes ou inadequados à realidade.

ROBINSON E SKILL 2001

---

# 90

## Veja a situação como um todo

A melhor maneira de manter a calma e a serenidade ao enfrentarmos desafios, seja quando fracassamos ou quando vivemos grandes sucessos, é ver nossa vida como um todo, em vez de nos concentrarmos naquele episódio específico. Mas quando estamos experimentando intensamente a emoção de determinados momentos, só conseguimos enxergar esses pequenos trechos da nossa vida. Deixamos que a frustração ou o sentimento de fracasso adquira dimensões que nos dão a impressão de que toda a nossa vida é frustrada ou fracassada. Quando se sentir derrotado por um problema, ou exaltado por um sucesso, tome uma distância da situação que provocou o sentimento e olhe para sua existência como um todo, com seus altos e baixos.

☺ ☺ ☺

"Quando estamos vivendo um problema, parece que toda a nossa vida se reduz a ele, e temos a sensação de que nunca vai passar", diz Kelly, que no seu trabalho como conselheira ajuda candidatos a empregos a se prepararem para entrevistas nas empresas, e é mãe de dois filhos. "As pessoas se desesperam e desistem com grande facilidade, e partem logo para outra tentativa, sem persistir na busca de seus objetivos maiores. Por outro lado, aqueles que têm um sucesso momentâneo muitas vezes se deixam embriagar pela euforia e não prosseguem em busca de novas conquistas."

Esses comportamentos, segundo Kelly, destroem a capacidade de perseverar. "Quando nos deparamos com um obstáculo, fica muito mais fácil pensar que o que desejamos é impossível, e que não vale a pena tentar. Só persistiremos se tivermos consciência do caráter temporário dos problemas, e nos concentrarmos em nossas metas principais."

Como conselheira e mãe, Kelly tenta manter sempre uma atitude positiva: é motivada, responsável e acredita nas suas capacidades. Pensar grande e alimentar ambições também são posturas importantes que assume em sua vida.

"Todos sabem como tomar decisões que trazem prazer imediato. Mas o importante é aprender a pensar além disso. Quando você equilibra a tendência natural de viver o momento presente com uma visão a longo prazo, começa a planejar aquilo que quer. Dessa forma, passa a ter mais paciência para esperar, pois sabe que os processos são feitos de pequenos passos. Usufrua a conquista que cada pequeno passo representa, mas mantenha o foco na sua meta maior. E quando estiver tentado a desanimar, olhe para a sua vida como um todo e lembre-se de tudo o que já realizou. Essa consciência lhe servirá de estímulo para prosseguir."

No âmbito familiar, Kelly recomenda que os adultos compartilhem suas experiências e suas histórias de vida. "É muito confortador saber que outros já viveram os problemas que você está enfrentando e o superaram. Ajude as pessoas contando como você persistiu diante de frustrações temporárias. E, finalmente, um conselho de ordem prática: quando estiver vivendo uma grande aflição, repita muitas vezes: 'Vai passar.' Porque passa mesmo."

☺ ☺ ☺

A satisfação com a vida depende nove vezes mais de sentimentos provocados pela visão da vida em geral do que por eventos específicos.

SYMMONDS-MUETH 2000

# 91

## Entregue-se – nada mais importa

Todos queremos que nossos filhos sejam felizes, e desejamos nos sentir bem com nós mesmos e com nossa vida. Para alcançar essas metas, procuramos garantir os recursos e as experiências que julgamos necessárias. Mas é preciso ter bem claro que as experiências e os recursos são muito menos importantes para nossos filhos do que as lições que damos com nosso exemplo, e o apoio incondicional com que podem contar. Você é, de longe, a mais importante contribuição que tem para oferecer.

☺ ☺ ☺

Elisabeth só foi se dar conta de que seu pai era um empresário de muito sucesso a partir da adolescência. "Ele não só foi um grande executivo, como também criou várias obras sociais depois que se aposentou", conta ela com admiração. Durante sua infância, porém, Elisabeth não tinha noção da importância dele no mundo dos negócios. Era o seu amado "papai", só isso. "Até hoje fico perplexa com a capacidade que ele teve de construir empresas poderosas e ser um excelente pai ao mesmo tempo", diz ela.

"Meu pai sempre participou dos momentos especiais de minha vida – as valsas dançadas nas festas de formatura, os recitais do coral, os jogos de vôlei – e nunca deixou de jantar conosco", conta. E não era só uma presença física. Elisabeth sabia que podia contar com o pai para desabafar e pedir orientação. "Ele me ouvia com a maior atenção, fazia perguntas que me ajudavam a pensar, valorizava cada pequena conquista minha. Chegou a me acompanhar em consultas médicas, e a fazer as perguntas que eu tinha vergonha de formular. Quando me convidou para trabalhar em sua empresa, fez questão de afirmar que era por causa do meu talento, não por ser sua filha. Exigia de mim como de qualquer colaborador, e isso me fez crescer." Mesmo adulta, quando começou a trabalhar para a empresa do pai, ele sempre evitou falar de negócios em casa.

Para que os pais exerçam da melhor maneira o seu papel, Elizabeth ensina um segredo simples: "Eles não precisam ser grandes heróis, nos cobrir de presentes, fazer todas as nossas vontades. O melhor que podem oferecer são coisas muito simples: presença constante, apoio e amor incondicional."

☺ ☺ ☺

Embora a maioria das pessoas ache que o que acontece com elas é resultado das suas experiências, estas são responsáveis por apenas 3% do estado emocional do indivíduo. Muito mais importantes são os contatos pessoais e o afeto, respeito e reconhecimento que recebem sobretudo dos mais próximos.

RIJSDIJK ET AL. 2001

# 92

## Um lugar entre o fácil e o impossível

Criar uma família não é nem fácil nem impossível. Olhando uma família de fora, podemos vê-la como um grande sucesso, esquecendo os inevitáveis conflitos, ou dar ênfase às crises, ignorando as alegrias. Mas só iremos entender de fato a dinâmica familiar quando criarmos nossa própria família. Preparar-se para essas duas realidades – conflitos e alegrias – vai ajudá-lo a tomar decisões acertadas quando for construir sua família.

☺ ☺ ☺

Carla se lembra ainda do dia do seu casamento. "Eu tinha 18 anos e parecia estar vivendo um conto de fadas. Ninguém tinha me dito que o casamento não é um mar de rosas perfeito e eterno." Carla fala isso do alto de sua experiência como bisavó.

Ela casou-se ao terminar o ensino médio, e logo em seguida seu marido, Ronald, foi convocado para a Segunda Guerra Mundial.

Quando ele voltou, dois anos depois, tiveram o primeiro filho. Cinco outras crianças vieram nos anos seguintes. Aos 29 anos, Carla tinha a impressão de ter vivido uma vida inteira. "Meu marido era inteiramente dedicado ao trabalho, necessário para nos sustentar, e sobravam para mim todas as tarefas domésticas. À noite, eu desmaiava na cama, para logo em seguida ser acordada por uma ou algumas das seis crianças, com seus medos e solicitações. Mal tinha tempo para trocar algumas palavras com Ronald, muito menos para namorá-lo."

Carla sorri e acrescenta: "Foi de fato muito trabalho, mas

houve várias alegrias, e eu me lembro de ter tido consciência de que devia fazer uma reserva delas para enfrentar a dureza do cotidiano. Agora, olhando para trás, depois de 50 anos de casada, parece que tudo passou muito depressa. E eu sinto saudade de ter a mão gordinha de um filho segurando a minha, de me maravilhar com o primeiro sorriso, as primeiras palavras, as pequenas descobertas e conquistas. Compenso a saudade com os netos e bisnetos. Olho para meu marido, e sinto uma imensa ternura e admiração por esse homem tão íntegro que se dedicou tanto para que nada faltasse à sua família. Com a idade, ele ficou um pouco rabugento, e às vezes eu perco a paciência, mas o sentimento predominante é de um grande amor companheiro."

Carla faz questão de transmitir sua experiência para os filhos e os netos, dizendo "o que gostaria que me tivessem dito quando me casei". Ela tornou-se uma verdadeira conselheira para assuntos conjugais na família. "Ouço os desabafos, mas insisto sempre: 'Guardem os momentos de alegria, procurem valorizá-los ao máximo para não permitir que os conflitos tomem conta do casamento.'"

☺ ☺ ☺

Estudos demonstram que a maioria das pessoas exagera quando pensa sobre a criação de filhos: 45% acreditam que será mais fácil do que é na realidade e 26% acreditam que será muito mais difícil do que realmente é.

ADAMS 2001

# 93

## Tudo é relativo

Se sua situação familiar for insatisfatória, você pode até tentar usufruir sua vida, mas isso é praticamente impossível. Não há como negar que a relação familiar se encontra na base da sua felicidade. Mas você pode se sentir bem até mesmo numa situação familiar difícil; basta procurar não contribuir para agravar os problemas e empenhar-se para ver o lado bom das pessoas à sua volta.

☺ ☺ ☺

Jill trabalhava em uma grande firma de arquitetura, e foi ascendendo profissionalmente até se tornar uma das principais decoradoras de interiores da sua cidade.

"Eu adorava o meu trabalho, adorava o desafio. Ficava feliz ao pensar que meus projetos criariam um ambiente bonito e agradável para as pessoas viverem. E ganhava um ótimo salário."

Mas a demanda foi se avolumando, os prazos de entrega eram sempre apertados e Jill sentiu que precisava fazer uma escolha. "Eu era um sucesso profissional, mas minha vida familiar estava profundamente sacrificada. Tinha pouquíssimo tempo para meu marido e meus dois filhos, o que me deixava cheia de culpa, com a sensação de ter perdido o controle sobre a minha vida. A alegria e a satisfação que o trabalho me dava foram ficando comprometidas", diz Jill.

Ela resolveu abrir sua própria empresa, ocupando-se de um número limitado de clientes, o que lhe permitia estar mais disponível para a família. Mais uma vez a demanda foi crescendo, obrigando Jill a contratar outros profissionais para montar uma equipe. Mesmo com a empresa se expandindo, ela mantinha na prática uma lição aprendida: "Eu olhava meus funcionários e pensava que eles também precisavam conciliar o trabalho com a família. Conversamos e decidimos juntos um horário que favorecesse a todos. Falei-lhes de minha experiência e eles se alegraram, porque viviam a mesma situação e constatavam que, quando as relações familiares não iam bem, todo o resto era afetado. Hoje tenho uma empresa extremamente bem-sucedida em que todos trabalham satisfeitos, porque sentem que valorizamos suas famílias e respeitamos suas necessidades", conclui Jill com entusiasmo.

☺ ☺ ☺

A satisfação com a vida é 72% mais provável entre aqueles que se sentem satisfeitos com a vida familiar.

HENDERSON, SAYGER E HORNE, 2003

# 94

## Transforme o real no ideal

Não existe uma visão objetiva das experiências humanas. A mesma experiência pode ser percebida como positiva por uns e negativa por outros. Em outras palavras: a maneira como entendemos nossa existência não corresponde ao que é real, e sim à forma como vemos e sentimos a realidade. Nossa visão vai nos levar a dar mais atenção a determinados aspectos, exagerar outros e ignorar muitos deles. Seja como for seu cotidiano, você não ficará satisfeito se passar o tempo comparando sua existência com o que lhe parece ser uma vida perfeita. Não estrague sua vida familiar estabelecendo padrões impossíveis para ela.

☺ ☺ ☺

Nia Vardalos, autora do roteiro e protagonista do filme *Casamento grego*, apresentou ao mundo as delícias e as frustrações da sua família grega. O filme foi um grande sucesso em todo o mundo.

Ao fazer o filme, Nia sabia bem do que estava falando: todos os seus inúmeros parentes carregam tradições fortíssimas, e freqüentemente se esquecem do mundo à sua volta. Quando Nia se casou na vida real com um não-grego, seu marido foi exaustivamente apresentado aos rituais familiares.

A cineasta e atriz diz que houve épocas em que pensava na sua herança grega e na sua família como fardos de que devia se livrar. "Durante o meu crescimento, não gostava dos pêlos grossos no meu corpo, das minhas coxas gordas, do meu bumbum enorme, dos meus parentes se metendo em tudo. Mas, agora que sou adulta, vejo com mais clareza o que é realmente importante."

Nia aprendeu a arte de fazer rir trabalhando com a trupe teatral Chicago's Second City. Dedicou-se inteiramente ao trabalho, mas manteve sempre o contato com a família, considerando-a sua maior fonte de inspiração.

Nia diz que o filme não teria sido possível sem o profundo amor e a admiração por sua família. "É uma história sobre laços familiares. Não há dúvida de que exagero em alguns pontos, para ficar mais engraçado. Mas o importante é que o filme demonstrou como estou reconciliada com minha família. Permanecendo quem sou, respeito suas tradições e seu modo de ser, e amo cada um de meus parentes tal como são."

☺ ☺ ☺

Pesquisadores descobriram que a diferença entre a imagem ideal de uma vida em família e a imagem que as pessoas têm da própria família pode aumentar ou diminuir em até 49%. Essas imagens se baseiam exclusivamente em percepções individuais que nada têm a ver com os acontecimentos reais em suas vidas.

COYNE 2001

---

# 95

## É sempre uma questão de escolha

Há momentos em que a situação familiar parece um verdadeiro fardo. Você se sente enredado e esmagado por uma série de obrigações, e tem a impressão de que será impossível escapar delas. Mas não se esqueça: tudo o que você faz pela família é escolha sua. Mesmo que não seja sempre prazeroso, seus atos refletem suas decisões e prioridades. Você pode achar que não tem alternativa a não ser transportar o fardo, e que suas decisões são tomadas automaticamente, em nome do bem-estar da família. Mas todo e qualquer ato seu, simples ou complicado, é uma opção. Tome consciência disso para assumir com mais convicção seu compromisso.

☺ ☺ ☺

Todo o encantamento do namoro e dos primeiros tempos de casamento de Liz e James parecia ter se dissolvido 10 anos depois. Os dois trabalhavam muito, tinham três filhos pequenos para criar e uma gigantesca hipoteca sobre suas cabeças. "As crianças são muito agitadas. Fico exausta, e meu marido está superestressado. Isso não significa que eu seja infeliz, mas é uma vida dura", enfatiza Liz.

"É fácil perceber como as pessoas ficam nervosas quando caem na real", diz James. "A carga parece tão pesada, que muitas vezes esquecemos do amor que nos uniu, da alegria do nascimento das crianças, de todas as conquistas. Só conseguimos enxergar o tremendo peso a ser carregado."

O casal hesitou em festejar os 10 anos de casamento. Estavam os dois tão cansados, que ficavam tentados a ignorar a data. Mas um dia, ao deixar as crianças na escola, uma delas voltou-se e mandou um beijo para a mãe. Foi um gesto mágico. Liz se deu conta de que, apesar de todos os sacrifícios, tinham sido 10 anos de uma enorme riqueza que merecia ser comemorada. Fizeram uma reunião pequena e simples, em que, perante os amigos e parentes mais chegados, renovaram seus votos de fidelidade "na alegria e na tristeza, na saúde e na doença". Mais tarde, depois que os convidados partiram e eles puseram os filhos na cama, ficaram os dois de mãos dadas, num silêncio cheio de significado. Internamente, Liz e James agradeceram os privilégios que tiveram nos 10 anos de vida em comum, o dom que cada filho representava, o amor e a força que os ajudavam a enfrentar dificuldades e desafios. James voltou-se para a mulher e disse: "Sei que muitas vezes temos até vontade de fugir, para escapar da carga. Mas tenho certeza de que toda essa experiência, por mais dura que seja, contribui para que nos tornemos pessoas melhores."

Liz conclui: "É uma escolha. Você aprende a ver beleza naquilo que escolhe, e se dá conta de tudo o que possui. Somos os melhores amigos um do outro, temos filhos maravilhosos, e essa é a vida que escolhemos."

☺ ☺ ☺

Pessoas que pensam na família como uma escolha que fizeram e confirmam têm possibilidade 77% maior de se sentirem satisfeitas com sua vida familiar.

NANAYAKKARA 2002

---

# 96

## Iguais, mas diferentes

Qualquer sistema razoável, seja um governo, um negócio ou uma família, reconhece que, embora iguais nos seus direitos e deveres, as pessoas são diferentes. Isso significa que devem ser respeitadas em suas características e necessidades específicas. O mesmo se aplica à família: se você quiser fazer tudo igual para todos os filhos, vai ter que se esforçar excessivamente, e ainda assim não estará atendendo às necessidades individuais. O importante é transmitir à família que todas as suas ações são movidas pelo amor que sente por cada um de seus integrantes, e que esse amor o fará respeitá-los da maneira como são.

☺ ☺ ☺

"Não levar em conta as diferenças entre as pessoas, além de ser um desperdício, é prejudicial", diz o psicólogo Monroe Johnson. O especialista se refere à importância de atender às demandas de cada filho, sem agrupá-las num bolo só.

Johnson percebeu que essa tendência de igualar as necessidades e as características dos filhos é um problema que atinge todos os pais. "Muita gente acha que justiça significa dar as mesmas coisas para todos. Mas, se um menino é muito talentoso, não precisará de tanta ajuda quanto o irmão que tem mais dificuldade com os estudos. Se uma menina é ótima em ciências, a irmã mais nova pode destacar-se nos esportes."

Ele sugere que os pais ofereçam sempre amor e apoio à família, mas que esse apoio se manifeste através de diferentes ações, de acordo com as necessidades de cada um. "É fundamental que os filhos tenham certeza de que podem contar com os pais em qualquer situação. E é importante que um irmão saiba que, em determinados momentos, o outro receberá mais atenção e ajuda porque estará precisando. Isso lhe dará a garantia de que ele terá o mesmo apoio quando necessitar. Amparar os filhos significa incentivar seus interesses, ajudá-los a desenvolver seu potencial, sempre reconhecendo o que é específico de cada um. Significa não julgar, não estabelecer competição entre os filhos, não compará-los entre si. Tudo isso é de um valor inestimável, pois dessa forma os pais cumprem sua função da melhor maneira possível: acolhendo necessidades e estimulando capacidades, mas sempre respeitando as individualidades", adverte Johnson.

☺ ☺ ☺

Em estudos com pais e mães de muitas crianças em que foi detectado um relacionamento mais forte de um dos dois responsáveis com um dos filhos, a família demonstrou probabilidade 17% maior de ter conflitos significativos, e os filhos correm um risco 27% maior de ter problemas comportamentais.

KAPLAN 2001

---

# 97

## Persistir

Há períodos em que as dificuldades familiares parecem nos soterrar. Temos a impressão de que, em vez de avançar, retrocedemos, e que assim que resolvemos um problema novos desafios se apresentam. Nesses momentos, somos invadidos pela sensação de estarmos imersos em experiências negativas, sem nada que nos dê um alento. Consertar um relacionamento familiar não é fácil nem rápido. Mas se esse for realmente o seu desejo, você será capaz de refazer os laços familiares. Só precisa ter paciência e esperança.

☺ ☺ ☺

Aos 18 anos, Brandon sentiu-se abandonado por todas as pessoas que faziam parte da sua vida. Sua mãe e seu pai tinham se divorciado. As irmãs mais velhas se mudaram e os amigos se afastaram porque não queriam conviver com uma pessoa sempre deprimida.

Depois de uma áspera discussão com a mãe, Brandon disse que não agüentava mais viver com ela, que não a amava, e mudou-se para a casa de um amigo. Deixou a universidade e arranjou emprego num restaurante local. E fingia que agora sua vida estava melhor.

A mãe sofreu muito com a saída do filho. Ainda traumatizada com o divórcio, perdera a paciência com Brandon. Procurou falar com ele por telefone, mas não houve resposta. Depois de muito insistir sem sucesso, decidiu escrever-lhe. Na primeira carta, desculpou-se, explicou a razão de sua agressividade, disse quanto o amava e como gostaria de recomeçar de forma diferente: "Termos um ao outro é uma coisa preciosa que seria uma pena perder. Estou aqui de braços abertos, disposta a acolhê-lo para construirmos juntos um convívio que nos faça felizes", escreveu. Apesar da ausência de resposta, ela persistiu, escrevendo a cada dia pequenos bilhetes em que reafirmava seu amor e sua total disponibilidade. Brandon resistia, procurando alimentar o ressentimento para não ceder aos apelos da mãe. "Você pensa que está numa boa, até que um dia se dá conta de que está péssimo. Foi realmente duro", confessou Brandon.

Certa noite, no restaurante, ao servir uma família que parecia unida e feliz, ele não resistiu. Desatou a chorar, pensando no que tinha acontecido em sua vida.

A primeira providência de Brandon foi voltar para a faculdade. Depois de muito hesitar, venceu o receio de ser mal recebido e ligou para a mãe. Ela veio correndo ao seu encontro, radiante de alegria, abraçou-o efusivamente, e os dois choraram muito. Voltaram a morar juntos e procuraram reconstruir o relacionamento da melhor forma possível. Nem sempre é fácil, porque ambos têm o temperamento explosivo. Mas agora sabem como é valioso esse convívio, porque sofreram muito enquanto estiveram separados, e por isso se empenham para haver harmonia.

Brandon se formou com um ano de atraso, mas sua família se

orgulhou quando ele recebeu o diploma. Sua carreira voltou-se para uma área em que ele ajuda crianças com problemas emocionais a encontrar seu caminho. "Sei muito bem como é ser uma criança problemática e cheia de raiva por se sentir rejeitada."

☺ ☺ ☺

Estudos mais longos com pessoas que experimentam um alto grau de conflito familiar mostram que sete entre dez indivíduos relatam que a relação com a família melhorou de forma significativa nos últimos cinco anos.

PETERSON 2002

---

# 98

## Todos buscamos calor humano

Você não tem que ser perfeito. Você não tem que ser fantástico. Você não tem que ser divertido. Não precisa ser sábio. A coisa mais importante que você pode oferecer à sua família é algo que existe dentro de todos nós: amor e capacidade de dedicação.

☺ ☺ ☺

Mark é um empresário bem-sucedido que sabe o que é ter pais devotados. Caçula de cinco filhos, ele conta que os pais estavam sempre prontos para demonstrar amor e dedicação.

Quando decidiu, logo depois de terminar os estudos, que queria abrir um restaurante na sua cidade natal, o pai acreditou em sua capacidade e ajudou na reforma do espaço, enquanto a mãe colaborava na cozinha. Mais tarde, ao expandir seu negócio, contou novamente com o incentivo e a contribuição dos dois.

Donna, uma das irmãs de Mark, conta que os pais sempre estiveram disponíveis para ajudar cada filho da maneira que podiam. "É difícil conquistar algo sozinho, sem contar com o apoio e o amor da sua família."

Mark tornara-se um dos empresários de maior sucesso de sua cidade no ramo gastronômico. Estava se preparando para abrir mais uma filial – já tinha comprado o novo espaço, selecionado a equipe, investido em cursos para os cozinheiros – quando soube que o pai estava com câncer. Os médicos desconfiavam que a doença já tivesse se espalhado, e que ele teria pouco tempo de vida. Mark imediatamente se afastou dos negócios, entregando a administração a uma pessoa de sua confiança, para poder se dedicar totalmente aos pais. "Foi a decisão mais sábia que eu podia tomar. Tinha uma necessidade absoluta de passar com meus pais o máximo de tempo possível, retribuindo o amor que recebi durante toda a minha vida."

☺ ☺ ☺

Estudos sobre filhos adultos mostram que nove entre dez se sentem mais próximos do integrante da família que se mostra mais sensível e caloroso.

McCarter 2000

# 99

## Você pode fazer isso? Pergunte a si mesmo

Você pode dar conta das dificuldades que se apresentam? Só há uma pessoa capaz de responder a essa pergunta: você mesmo. Se a resposta é sim, enfrentará os problemas, e até irá gostar de alguns desafios. Se a resposta é não, você irá brigar com cada desafio que aparecer e se preocupar com os que ainda virão. Você só é capaz de realizar as coisas que pensa que pode.

☺ ☺ ☺

Lidia conta como aprendeu a acreditar em si mesma e a respeitar seu próprio ritmo para ultrapassar obstáculos e vencê-los.

Vítima de poliomielite aos 2 anos de idade, ela esteve meses internada em hospitais, onde passou por várias cirurgias que diminuíram um pouco a diferença entre as duas pernas, permitindo-lhe andar mancando com botas pesadas. A mãe, uma mulher de temperamento seco mas extremamente dedicada, fez questão de tratar Lidia como se fosse uma menina normal, sem protegê-la exageradamente. "Na época, eu me ressentia muito, pois queria ser mimada para compensar minha deficiência, mas hoje sou extremamente grata à minha mãe. Graças à educação que recebi, eu me fortaleci, e me senti capaz de enfrentar obstáculos e desafios. Aprendi também duas coisas importantíssimas: aceitar meus limites para ir superando-os gradativamente e respeitar meu ritmo, isto é, ter paciência, na certeza de que, dando os passos na medida do possível, chegarei aonde quero."

Autoconfiante e dona de uma personalidade fascinante, Lidia casou-se e teve duas filhas. Formou-se em psicologia e especializou-se no atendimento a portadores de deficiências de vários tipos. Sua tese de doutorado foi baseada em sua própria experiência, e provocou lágrimas de admiração em todos os que assistiram à sua defesa.

☺ ☺ ☺

Confiar na própria capacidade reduz em 28% a possibilidade de a pessoa se sentir assoberbada pelo trabalho e pela família.

ERDWINS, BUFFARDI, CASPER E O'BRIEN 2001

---

# 100

## É você quem faz a sua própria família

Toda família tem um caráter pioneiro. Ninguém jamais fez exatamente o que você está fazendo, com as pessoas com quem você está lidando, no tempo e da forma com que você organiza a sua vida. Sua jornada é flexível e sujeita a mudanças. Podem entrar novos integrantes e seu caminho continua, mesmo que alguma pessoa se perca. Independentemente da forma, todos os dias você constrói algo novo para o futuro da sua família.

☺ ☺ ☺

Ann é o tipo de pessoa que todos procuram para pedir conselhos: colegas de trabalho, pais novatos e mulheres desgostosas com seus relacionamentos lhe perguntam como criar uma família. "Eu sempre respondo que os relacionamentos familiares se constroem a cada dia, e que somos nós que os criamos", conta Ann. "Você tem duas alternativas: agir automaticamente, repetindo a cada dia os mesmos procedimentos, ou tomar consciência de que cada atitude sua tem conseqüências positivas ou negativas na construção da harmonia familiar e no crescimento dos filhos."

Com isso, ela quer passar uma mensagem bem clara: "Quando você age automaticamente, reproduz hábitos e esquemas antigos sem refletir sobre eles, trata todos os filhos como se fossem iguais e estabelece com o marido o que chamo de relação burocrática, como a de dois executivos em uma empresa."

Segundo Ann, para que uma família funcione bem e seja feliz, são necessários três ingredientes básicos: amor, respeito e preocupação. Estes ingredientes devem estar presentes e motivar todas as nossas ações. Não é fácil, dá trabalho, mas os resultados são altamente compensatórios e emprestam sentido à vida. "A família é o espaço fundamental para que cada um de seus membros realize o mais plenamente possível o seu potencial e se torne a melhor pessoa que pode ser." Ela recomenda: "Para criar uma família feliz e realizada, lance mão de todas as ferramentas possíveis: leia livros especializados, consulte terapeutas familiares, converse com pessoas que você admira. O ritmo da vida é muito exigente, e se você não tiver a mínima disponibilidade para se informar e refletir, pode facilmente cair no processo automático, que é destrutivo." Ela finaliza com um conselho: "Todos os dias, entre o momento de acordar e o de levantar da cama, peça força, paciência e sabedoria para dedicar-se à sua família da melhor maneira possível."

☺ ☺ ☺

Pesquisadores descobriram que uma família amorosa pode ser criada no meio de qualquer grupo de pessoas. Estudos mais detalhados compararam crianças adotadas com crianças criadas pelos pais biológicos e encontraram pouca diferença nos sentimentos delas em relação à vida familiar e nenhuma diferença na capacidade de aproveitar bons relacionamentos.

NEIHEISER 2001

## CONHEÇA OUTROS TÍTULOS DO AUTOR

### *Os 100 segredos dos bons relacionamentos*

Todos nós sonhamos em encontrar um grande amor e, como nos contos de fadas, viver felizes para sempre. Mas construir um relacionamento saudável é um dos maiores – e melhores – desafios da vida.

O psicólogo David Niven reuniu nesse livro conselhos e histórias para orientar todos que desejam ter uma relação sólida e feliz. Os casais aprenderão a: transformar os conflitos em oportunidades de crescimento; manter o senso de humor e o companheirismo nos bons e nos maus momentos; cultivar interesses, objetivos e amigos em comum; além de encontrar outras ótimas sugestões para investir em seu companheiro de vida.

### *Os 100 segredos das pessoas felizes*

Não existe a menor dúvida: ser feliz é o desejo de todo ser humano. Mas o que isso significa e como atingir a tão sonhada felicidade?

David Niven organizou a lista dos 100 segredos mais simples capazes de tornar as pessoas felizes. Esse é um livro para ser lido devagar, degustando cada tópico, deixando que ele penetre em nossa consciência, nos questionando e transformando. Assim você vai compreender as diferenças entre as pessoas felizes e as infelizes e descobrirá o que pode fazer para aproveitar melhor a vida.

## *Os 100 segredos das pessoas de sucesso*

Cada um de nós tem um objetivo na vida, um desejo que pretende realizar. Os sonhos mudam, mas todos nós temos a mesma vontade de atingir nossas metas. E muitas vezes confundimos o sucesso com fama e dinheiro.

David Niven se debruça sobre as pesquisas que identificaram as práticas, princípios e crenças necessários para se ter sucesso. De forma simples e agradável, apresenta em cada capítulo uma dessas conclusões acompanhada de um exemplo real e de um conselho que você deve colocar em prática se quer realmente "chegar lá".

## *Os 100 segredos das pessoas saudáveis*

O autor dá conselhos úteis e práticos que mostram o que de fato faz bem ou mal à saúde, derrubando mitos e oferecendo exemplos concretos do dia-a-dia.

A idéia equivocada de que ficar doente é uma fatalidade faz com que muita gente não cuide de sua saúde como deveria. Você aprenderá que o importante é pensar na saúde como um investimento a longo prazo, promovendo pequenas mudanças que podem fazer uma enorme diferença em sua vida.

CONHEÇA OUTROS TÍTULOS DA EDITORA SEXTANTE

*Descubra sua essência espiritual*
de Iyanla Vanzant

Todos nós somos capazes de controlar nossas vidas. Mas muitas vezes nos prendemos a sentimentos negativos, como a raiva, o medo e a impotência. Nesse livro, Iyanla Vanzant nos ensina a usar a energia que existe em nossas emoções para ultrapassar sentimentos dolorosos e alcançar a força e o poder que há dentro de cada ser humano.

Ela nos apresenta algumas ferramentas espirituais – entre elas a aceitação, o perdão e a responsabilidade – que ajudam a revelar a nossa verdade e a curar feridas. Use essas ferramentas. Mude sua maneira de agir e você vai entrar em contato com seu eu autêntico e descobrir sua essência espiritual.

*Simples Verdades*
de Kent Nerburn

Inspirador, estimulante e revelador, esse livro é um poderoso instrumento de reflexão que provoca uma releitura da vida e dos valores que nos impulsionam. Motivado pelo nascimento do filho, Kent Nerburn organizou uma série de conselhos amorosos e afetivos sobre algumas das grandes questões da vida.

Com idéias provocadoras sobre assuntos tão diversos quanto educação, trabalho, dinheiro, solidão, amor, ser pai ou mãe, jornada espiritual, velhice e morte, o autor nos convida a celebrar as coisas simples da vida.

CONHEÇA OS 30 CLÁSSICOS DA EDITORA SEXTANTE

*O Código Da Vinci, Anjos e Demônios, Fortaleza Digital* e *Ponto de Impacto*, de Dan Brown

*Pais brilhantes, professores fascinantes, Nunca desista de seus sonhos* e *Você é insubstituível*, de Augusto Cury

*O monge e o executivo* e *Como se tornar um líder servidor*, de James C. Hunter

*Jesus, o maior psicólogo que já existiu,* de Mark W. Baker

*1000 lugares para conhecer antes de morrer*, de Patrícia Schultz

*Um dia "daqueles"* e *O sentido da vida*, de Bradley Trevor Greive

*Por que os homens fazem sexo e as mulheres fazem amor?*, de Allan e Barbara Pease

*Os 100 segredos das pessoas felizes*, de David Niven

*Enquanto o amor não vem*, de Iyanla Vanzant

*A última grande lição* e *As cinco pessoas que você encontra no céu*, de Mitch Albom

*A Dieta de South Beach,* de Arthur Agatston

*O ócio criativo*, de Domenico De Masi

*A Boa Sorte,* de Álex Rovira Celma e Fernando Trías de Bes

*Não leve a vida tão a sério*, de Hugh Prather

*O Poder do Agora*, de Eckhart Tolle

*Palavras de sabedoria*, de Sua Santidade, o Dalai-Lama

*Muitas vidas, muitos mestres* e *Muitas vidas, uma só alma*, de Brian Weiss

*Histórias para aquecer o coração*, de Jack Canfield e Mark V. Hansen

*Conversando com os espíritos*, de James Van Praagh

*Mantenha o seu cérebro vivo*, de Lawrence Katz e Manning Rubin

*Aprendendo a silenciar a mente,* de Osho

INFORMAÇÕES SOBRE OS
PRÓXIMOS LANÇAMENTOS

Para receber informações sobre os lançamentos da EDITORA SEXTANTE, basta enviar um e-mail para atendimento@esextante.com.br ou cadastrar-se diretamente no site www.sextante.com.br

Para saber mais sobre nossos títulos e autores, e enviar seus comentários sobre este livro, visite o nosso site: www.sextante.com.br

EDITORA SEXTANTE
Rua Voluntários da Pátria, 45 / 1.404 – Botafogo
Rio de Janeiro – RJ – 22270-000 – Brasil
Telefone: (21) 2286-9944 – Fax: (21) 2286-9244
E-mail: atendimento@esextante.com.br